视角的力量

新闻评论的六大思维角度

徐汉雄 著

中国发展出版社
CHINA DEVELOPMENT PRESS

图书在版编目（CIP）数据

视角的力量/徐汉雄著．—北京：中国发展出版社，2018.11
ISBN 978－7－5177－0930－5

Ⅰ．①视…　Ⅱ．①徐…　Ⅲ．①社会科学—文集　Ⅳ．①C53

中国版本图书馆CIP数据核字（2018）第246256号

书　　　名：视角的力量
著作责任者：徐汉雄
出 版 发 行：中国发展出版社
（北京市西城区百万庄大街16号8层　100037）
标 准 书 号：ISBN 978－7－5177－0930－5
经　销　者：各地新华书店
印　刷　者：河北鑫兆源印刷有限公司
开　　　本：710mm×1000mm　1/16
印　　　张：18
字　　　数：278千字
版　　　次：2019年2月第1版
印　　　次：2019年2月第1次印刷
定　　　价：39.80元

联 系 电 话：（010）68990642　68990692
购 书 热 线：（010）68990682　68990686
网 络 订 购：http：//zgfzcbs.tmall.com//
网 购 电 话：（010）68990639　88333349
本 社 网 址：http：//www.develpress.com.cn
电 子 邮 件：271799043@qq.com

序一
观点的力量

强月新

改革开放以来，我国传媒发展上演了一幕幕风生水起的活剧，构成了一道亮丽的风景线。这背后的主要动力是源于市场和技术的双重推动。建立在数字技术和通信技术基础之上的新媒体已经并必将继续向我们展示无穷的魅力。人人都有麦克风早已变为现实，万物皆媒的智媒时代已经来临。在此背景下，信息无限、泛滥成灾，如何提供观点、解读信息，成为传统媒体转型或坚守的必然选择。从媒体应对竞争求生存的角度来看，在发布独家信息已越来越难的情况下，发布独家观点变得愈加稀缺和有价值，成为规避同质化，实现差异化的竞争利器；从受众的阅读需求来看，在真假莫辨的海量信息时代，受众需要观点来释疑解惑、追问真相，“消息纸正在变为观点纸”，观点市场正在形成。观点致胜，贵在独到，而独到又往往是建立在评论的角度之上的。

《视角的力量》这本书，作者徐汉雄以他切身的写作经历，谈评论的视角挖掘与独到表达，可谓把握到了媒体的时代大势，认识到观点的力量，认识到独家评论是竞争制胜的法宝。在评论的写作中，传播已有的观点、重申常识比较常见，而表达新观点则比较有挑战性，需要创造性的思考才能达成。网络时代，观点多如牛毛，有独到思考的却不多，而专门来谈如何表达独到观点的方法论则更为少见。本书从批判思维、求真思维、逆向思维、发散思维、超前思维、纵深思维六个思维路径，详细回顾了评论角度求新求变的生产过程，这种总结方式比较新鲜，以思维找角度的经验也比较独到。

本书的第二个特点，收录的每篇评论，都附有作者的写作经过：为什么要选择这样的一个角度？为什么要表达这样的一个观点？作者逐篇还原了写作时的思考历程与价值判断依据。这不仅有助于读者理解每篇评论的观点，更让读者参与对新闻事件的分析解剖，在品读作品后一起来思考问题，形成观点碰撞与互动。评论作品选之类很常见，评论写作教程之类也不缺，而将评论作品与写作过程结合到一起来谈评论写作，则少之又少。本书每篇文章即是案例，以文说写作，避免了评论教案的空洞枯燥，又让评论作品凸显出开启写作思路的价值，如此相得益彰，是一个创举。

本书的第三个特点，充满了浓浓的责任意识与情怀。原中国青年报《青年话题》栏目的主持人李方认为，符合见报标准的评论大致有四个境界：把众所周知的道理讲清楚；讲出别人想不到的道理；权威；有情怀。评论的价值在于讲道理，为社会贡献新知。本书谈评论写作的独到表达，不是为了标新立异、哗众取宠，而是为了更好地说清道理，摆脱思维定式，以创造性的发现对事实进行精确判断，对舆论进行引导而不是迎合。角度的求新求变，归于一点，是为了维护公共利益，捍卫公共价值。

比如，曾经一段时期，矿难频发，安全生产问题比较突出，有关部门为此出台了矿领导必须下井带班的规定。有网友幸灾乐祸地认为，这下平等了，出了事有领导垫背，一起玩完。徐汉雄在《让领导下井是求同生不是共死》一文中，观点鲜明地表达自己的解读，指出让矿井领导带队下井，与工人们站在一起，是为了加大安全生产的保障力度，有他们在井下带班，能高度重视并及时解决安全生产中的问题，这是增加大家共同的安全系数，并不是加大领导个人的风险。这个观点是正解，有利于各方正确认识领导下井的规定，能有效引导舆论，消除杂音，也能消除领导下井的顾虑，推动规定的实施。

徐汉雄是我1995年从媒体转到武大从教后授业的第一批学生，他毕业后一直在媒体默默耕耘，从记者、编辑做到评论部负责人，二十多年间干一行爱一行钻一行，善于思考、精于表达、勤于苦练、勇于创新，这十六个字始终是他的立业安身之本。我想，这也是成为一名优秀媒体人与评论人的应有素养。这本评论集，是他的写作心得，无论是对评论从业者，还是评论爱好者、新闻院系的学生，都有一定的参考与借鉴意义。愿他身上的这些特质与对评论的理解，能与同道中人共勉。

是为序。

（作者为武汉大学新闻与传播学院院长、教授、博士生导师）

序二

好角度是一种评论素养

赵振宇

汉雄先生是我的老朋友，源于十多年前我曾建议《楚天都市报》开辟评论专版，他受报社领导之托来到学院与我交流开办的思路。后来，《楚天评论》专版办起来了，他负责评论部的工作，我也经常能在该报和其他媒体上读到他的诸多评论。他是一位善于思考、勤于写作的高产评论员，十年评论生涯，先后出版了个人时评精选集《在中线上行走》和主题宣传评论集《评论记录变革》，现在又将评论写作心得汇成此书《视角的力量》，十年出三著，值得称道。

在经济全球化、政治民主化和信息网络化的今天，传统“新闻”的观念也发生了变化。新闻已经不是以前说的仅仅是对事实的“报道”，而是对正在、新近发生或发现有价值事实及意义的“信息传播”。它通过报纸、广播、电视、互联网和新兴媒体，运用对事实过程的描述和对该事实性质判断、价值意义的评论让大众更深切地感受和领悟该事实。也就是说，新闻的本意中就包括了具有描述性质的报道和具有解读性质的评论。人们接受信息，不仅需要及时了解该事实的发生过程，同时也想知道该事实发生的性质和意义。

新闻评论是传者借用大众传播工具或载体，对新近、正在、将要发生或发现的新闻事实、问题、现象直接表达自己意愿的一种有理性有思想有知识的论说形式。新闻评论在报纸、广播、电视和网络等媒体上有不同的表现方式，或文字、或声音、或音像结合、或图文并茂，在新闻传播中发挥着重要作用。媒体的竞争，从某种意义上说，更是思想的竞争。谁想在竞争中处于领先地位，精心打造评论，扩大评论队伍，提高评论素质，扩充评论版面或时间，改革评论生产方式等等，已经成为媒体新一轮改革和发展的重要内容。

当下，评论员出版专集的不少，有的写得也很漂亮，有看头，能给人启示。但是，能够将评论写作的实践与实践背后的理论结合在一起进行深入思考，归纳总结，让读者在咀嚼之后能够品出道理的却不多，汉雄的大著就是这样一本好书。该书围绕“视角”分了六辑进行阐述：第一辑：审视。讲的是批判性思维，对事物的冷静审视。对一些新闻事件，要有敢于说不的勇气，能在司空见惯的“正常”中看到不正常，敏锐发现问题。质疑与批判不是为了盲目否定，而是在反思中找到对事物的正确认知。第二辑：独察。说的是逆向思维，从事物发展的方向，逆向确定主题。在众人眼睛注意不到的地方，用心发现有独到价值的内容。这种眼力来自对事物的准确把握，来自正确的价值取向。第三辑：慧眼。发散思维，以归纳联想的方式，由此及彼，或从一件事说到另一件事，或从有共性的现象中找到规律性的东西，以透过现象看本质，升华报道的意义。第四辑：远望。超前思维，是对事物可能发生的变化，做出趋势性的判断。这种预见性建立在对事物的深刻认知，对发展规律的准确把握上。第五辑：卓识。阐释的是求真思维，在众声喧哗中坚守客观立场，冷静表达自己的独到见解，不盲从跟风，不人云亦云。好的评论要有超越社会平均水平的认知，即比常人看得深一些，有力排众议的胆识，也能走在他人的前面，担负起社会守望的责任。第六辑：洞见。论述了纵深思维，新闻评论不能拘泥于事物的表象，而是积极向纵深拓展，在纷纷扰扰中拨云见日，看到事物真谛。所有这些，没有长期评论实践，是体会不到的，没有深思熟虑的理性总结也是不能明白于读者群览的。

2009 年 4 月 13 日，新华社发表了由国务院新闻办公室公布的《国家人权行动计划（2009 - 2010 年）》。《行动计划》在第二部分“公民权利与政治权利保障”中提出“采取有力措施，发展新闻、出版事业，畅通各种渠道，保障公民的表达权利。——加强对新闻机构和新闻记者合法权利的制度保障，维护新闻机构、采编人员和新闻当事人的合法权益，依法保障新闻记者的采访权、批评权、评论权、发表权”。在这里第一次提出了“评论权”，“评论权”不仅仅是记者的权利，同时也是广大民众的权利。党的十九大报告指出，中国特色社会主义进入了新时代，这是我国发展新的历史方位。“有事好商量，众人的事情由众人商量，是人民民主的真谛。”在新时代历史进程政策导向和新媒体技术的引领下，网络表达将会呈现新的特征和趋势，由此而激发民众参与政治的热情。

日益活跃的网络表达提高了民意表达的参与活力与热情，但一定程度上也带来表达者的困扰。怎样的评论才能富有新意，明辨是非，除了理论根基的扎实和文字表达的出萃外，选择什么样的角度审视、观察问题显得尤为重要。新闻评论的角度，不是摸脑壳想出来的，或是某种灵感所致，而是通过对新闻事件的深入了解，经过抽丝剥茧的认真分析后，所得出的一个贴近于生活的结论。这个角度，其实是一种责任感，新闻人作为社会守望者，有责任发出正确的主张，引导社会成员规避风险，避免被舆论的迷雾所惑。汉雄的评论写作，追求角度的创新，这种求新的精神，也可视作是求真务实的精神。因为评论要说到点子上，脑中的各种想法必须经过层层过滤与筛选后，找到一个最恰当的表达。这种求新，不是为了哗众取宠的标新立异，而是要透过现象看本质，一针见血地抵达真相，触动受众的灵魂与认知。

这是一种可贵的实践与认知，追求角度不是为了博眼球，而是为了更好地讲道理。俗话说，题好一半文，对新闻评论而言，好角度就是好观点，就是一半文。新闻评论的角度，也是如何讲清道理的一个突破方向。新闻评论在信息传播中是丰富多彩的，不同的人对不同事情的认识和表达可谓千变万化，在相同事实前提下也可以发出不同角度、不同层次的声音。尤其人人都是麦克风的时代，众声喧哗中，表达出一个有质量的声音，传递一个清晰而正确的价值取向，显得无比重要。《视角的力量》记录了汉雄的一些思考，为评论如何讲好道理提供了他个人的视角。

汉雄在从事新闻评论工作十年后，将自己的一些体会做了盘点，此书中的每篇评论稿，都附有写作体会。他是一个勤于思考也富有社会责任感的评论人，每表达一个观点，都是深思熟虑后所做出的价值判断，以有益于社会为己任。无论从哪个角度表达出的观点，都富有浓浓的人文情怀，体现出对生命的敬畏，对社会公共利益的维护，对他人的尊重，以及积极向上的精神风貌。我与汉雄同城，但彼此交往并不多。他在党报的媒体工作，要写出既符合上级精神又让百姓叫好的评论实属不易。我在调入大学前曾在长江日报工作19年，大多时间也是从事新闻评论，能够理解汉雄在评论生产中的一种社会追求。在这次大著即将出版时与其有些接触，更感到他是一个胸怀坦荡诚于交流的真正挚友，让我学到不少东西。感谢汉雄和《楚天评论》为新闻学院的学生们提供了学习练兵的机会，借这个平台也扩大了我们学校的新闻评论特色教育成果。祝贺汉雄先生的新书出版，希望有更多的此类大著问世，以促进和繁荣我国的新闻评论实践与教学！

是为序。

2018年夏于武汉

（作者为华中科技大学新闻评论研究中心原主任、教授，中央马克思主义理论研究和建设工程重点教材《新闻评论》首席专家）

自序
为评论的附加值而多些思考

文似看山不喜平，新闻评论也是如此，忌老生常谈，人云亦云。

中国青年报编委、著名评论家曹林先生曾为笔者拙著《在中线上行走》一书写下序言，其中有语，老徐的文章“角度独到，从他的判断中往往能读到让人眼前一亮的角度，比如《让领导下井是求同生不是共死》一文，从标题就能看到与众不同的角度；《总有一些大师在静默中生长》回应的是钱学森之问，也从一个不同的角度做出了阐释”。

在评论的写作中，个人的确比较喜欢讲究角度，告诫自己不要去写泛泛之论，不要去表达大家都能想得到的观点，要写就写出新意，写出独到的深度、厚度、锐度，给人以启示。对评论作者而言，每篇写作可谓是做着同题作文的比拼。因为每天的新闻热点，有众多的评论人在表达看法。评论写出来要有影响力，要入受众的法眼，得有令人眼前一亮的观点。有与众不同的角度、与众不同的表达，方能脱颖而出。

南方都市报曾在致专栏作者的电子邮件中写道：“我们希望的认知价值，可能需要专栏作者排除自己看到新闻首先涌现出来的第一个甚至第二个想法，穷尽到第三个，第四个，自然就能言人所未言。”这个要求是明确的，评论的角度要有超出常人想象的地方，只有排除掉大家都能想到的切入点，才会有独到的表达，才能有吸引人的新鲜感。

对此，中国人民大学新闻学院教授马少华也指出，追求“不同”和差异，是新闻传播的机制所决定的，因为要具有被广泛传播的优势，必须有新意，有独到之处。那些与别人的视角相同的一部分稿件，可能被编辑“枪毙”掉。因此，一个有着比较强烈的传播冲动的人，是有可能更为主动地从不同的角度思考和认识事物，以在传播中胜出。（马少华：《不要迷信评论的“角度”》，载《新闻与写作》，2010 年第 2 期）

当然，我追求评论角度不是为了与谁竞争胜出，更不是为了去博眼球，而是努力增加评论的附加值。这个附加值，就是你能说出别人没说出或说不出的道理，提供比他人多一些的认知。评论的力量在于观点，观点的价值在于独到，这不仅是新观点具有传播效率的价值，而是评论要有超出新闻素材之外的附加值，就必须独到，必须提供信息与思想的增量。如果只是重复新闻信息中已含有的倾向与立场，做现有存量的搬运工，这样的评论只是对新闻的附和。一个好的角度就是评论的附加值，只有言人之所未言，言人之所欲言，言人之所不能言，方有新意、快意、惬意，可引人击掌共鸣。

马少华说，长期的时评写作必然面对“重复”问题：认识对象的重复、话题的重复和自己认识水平的重复。因此，追求角度的独到，也是为了尽可能地去避免这种重复，避免与他人、与自己在认识和见解上的重复。（微信公众号“少华读书”2018 年 8 月 1 日文章《当老师的文章提到学生的抄袭》）

人民日报评论部的陈家兴认为，评论要做宽厚的长者，这当然不是和稀泥，是要目光睿智，执中公允，在纷纷扰扰、纷纭复杂中，目光如电，一针见血，一眼看出问题所在，切中要害，讲出个所以然，让各方心服口服。（见 2005 年 7 月 12 日人民网《在快速反应中保持理性》）

一针见血就是独到，评论的角度力求出新，就是要能切中要害，讲出一个恰如其分的道理。笔者在《让领导下井是求同生不是共死》一文中就郑重指出，让矿井领导带队下井，与工人们站在一起，是让领导在一线察真情，加大安全生产的保障力度，因为领导的工作经验丰富，决策与协调能力强，有他们在井下带班，能随时及时解决安全生产中的问题，加大安全系数，并不是加大领导的风险，不用把这事想得那么悲壮。

评论角度的求新求变，不是为了标新立异而故弄玄虚，而是认真梳理新闻事件的来龙去脉，找到一条最能说明问题的路径，透过现象看本质，对事实进行精确判断，说到点子上去。网络时代，人人都是麦克风，在海量信息与观点面前，人们已不满足于简单的是非判断，而需要能释疑解惑的新鲜意见，需要有见地的创造性写作。表达的观点能揪到问题的牛鼻子上，有拨云见日之效、指点迷津之功，让人读后恍然大悟，哦，原来是这样的。

笔者写过这样一篇评论《鸟窝沾衣是绿满江城的幸福烦恼》。武汉一所高校的某男生在寝室阳台收衣服，发现裤子里有个鸟窝，人们看待此热点趣闻常见的思维就是男生太懒，衣服经常晒在外面长时间不收所致。我则另辟蹊径，认为这是绿化搞得好的缘故，树多了，鸟多了，才有这样的事发生，并以强大的绿化数据与鸟类监测数据支撑这一观点。此议说服力强，又以出乎意料的视角，让读者叫好。

表达独到的观点，需要勇气，更需要悲天悯人的情怀与责任。新闻工作被称为社会瞭望哨，就有责任去走在常人的前面，发现常人没注意的问题。这种角度的求新求变，不是为了迎合或媚俗，恰恰是要在众声喧哗中大胆说出不同常人的见识，保持独立判断与头脑清醒，传递清晰正确的导向。

追求角度，不等于沉迷于角度，为了角度而角度。正如马少华所言，不要迷信评论的“角度”，因为角度并不是随意选择的，它受制于作者个人的认识能力与经验。克伦威尔说，人不可能攀登到比自己不知道的地方更高的地方。任何角度与观点，都受限于作者的认知。在此并无意于侈谈新闻评论写作的技巧，只是总结一些个人写作时的思考过程与价值判断。文无定法，一个好的写作就是以我手写我心，在力所能及的范围内，写得新颖别致、一吐为快，不必刻意地苦求角度。

本书在成稿过程中，有幸得到多位老师前辈的悉心指导。武汉大学新闻学院院长强月新，多次就本书的特点与定位，提出宝贵意见；华中科技大学新闻评论研究中心原主任、教授赵振宇，就本书体例、谋篇布局与评论思维的阐释，不吝赐教；中国发展出版社的编辑们提前介入谋划，为组稿思路指明方向。拳拳之心，殷殷之情，让人受益良多，在此一并感谢。因本人学识有限，浅陋之处，仍难免挂一漏万，或贻笑大方，或供读者诸君批评指正。

目录

Contents

第一辑　审　视

这是一种批判性思维，对事物的冷静审视。评论最基本的精神是质疑，对一些新闻事件，要有敢于说不的勇气，能在司空见惯的“正常”中看到不正常，敏锐发现问题。质疑与批判不是为了盲目否定，而是在反思中找到对事物的正确认知。

第二辑 独 察

这是一种逆向思维，打破惯常的思维方式，从事物关系间的方向，逆向确定主题。逆向思维也叫求异思维，如同在草丛中细细寻找蘑菇，在众人眼睛注意不到的地方，用心发现有独到价值的内容。这种眼力来自对事物的准确把握，来自正确的价值取向。

第三辑 慧 眼

这是一种发散思维，以归纳联想的方式，由此及彼，或从一件事说到另一件事，或从有共性的现象中找到规律性的东西，以透过现象看本质，升华报道的意义。

第四辑 远 望

这是一种超前思维，是对事物可能发生的变化，做出趋势性的判断。这种预见性建立在对事物的深刻认知，对发展规律的准确把握上。

第五辑 卓 识

这是一种求真思维，在众声喧哗中坚守客观立场，冷静表达自己的独到见解，不盲从跟风，不人云亦云。有人说，好的评论要有超越社会平均水平的认知，即比常人看得深一些，有力排众议的胆识，也能走在他人的前面，担负起社会守望的责任。

第六辑　洞　见

这是一种纵深思维，不拘泥于事物的表象，积极向纵深拓展，在纷纷扰扰中拨云见日，看到事物真谛。纵深是为了将问题分析得更深入透彻，而不是为了不同而不同。

第一辑

审 视

评论不等于批评，但评论离不开批判性思维。新闻评论的基本功能包括引导功能、解惑功能、表态功能、深化功能、监督功能、协调功能，等等，除了总结经验、成绩之类的肯定性意见，还有指出问题、不足的否定性意见。这种表态与监督，就离不开批判思维，包括提出质疑的能力与勇气。

华中科技大学新闻评论研究中心原主任、教授赵振宇指出，批判性思维是对现存的事物或现象，包括对错误的、丑恶的、虚假的事物或现象的揭露和否定，也包括对正在实施的或被公众认为是正确的、美好的、真实的事物或现象的重新审视和反思。它能帮助人们摒弃陈腐和落后，扶持新生和进步，拥抱光明和未来，它是一种理性的、宽容的、精细的和经济的思维方式。（赵振宇：《现代新闻评论》，武汉大学出版社 2005 年版）

批判性思维起源最早可追溯到古希腊思想家苏格拉底。苏格拉底认为一切知识均从疑难中产生，愈求进步疑难愈多，疑难愈多进步愈大。我国古代思想家孔子，强调“吾日三省吾身”，这种“自省”“慎独”“省察”，也可以视作是一种自我批评的批判性思维。

中国的传统文化强调博学、审问、慎思、明辨、笃行，这种审辨式思维与西方的批判性思维类似，都是通过否定之否定来达到肯定，以找到真知，践行真知。

对评论来说，这种批判或审辨显得很重要，评论最基本的精神是质疑，能对事物进行冷静审视，发现问题后有敢于说不的勇气。当然，质疑与批判不是为了盲目否定，不是简单浅表的是非判断与道德评议，而是在深刻反思中找到对事物的正确认知，看到问题的深层次原因与真谛，是一种求真务实的精神。批评不是目的，而是帮助大家更好地认识问题，找到解决的办法。

中国工程院院士李培根认为，批判性思维不仅是一种思维技能，实际上也彰显了某种人文精神，因为批判性思维肯定要建立在理性的基础上，也必定要建立在逻辑的基础上，如果批判不讲逻辑，那批判是没有意义的。（据 2017

年 11 月 26 日新华网）

这对评论来说，尤其如此。好的批判一定是理性的，有根有据有情怀，在论证上是有逻辑关系的，绝不是想当然的诛心之论。评论运用批判性思维，是为了透过表象看到背后潜藏的缺陷，指出来加以弥补改正，推动事物向好的方面发展，而不是破坏性地揭个体无完肤就了事。

评论的批判是为了监督与引导，因此，这种批判是不带个人主观偏见的，须以法律法规、公共利益、公序良俗等公共价值为准绳，是出于公义而非私心。比如，笔者在《有轨电车项目的驱动力不应是季建业》一文中，针对南京市原市长季建业落马后，他任内主导的有关项目停摆的这类常见的怪现象提出质疑，认为不能“官员落马，工程就烂尾”，指出该接着建的还是要建。这种批判性思维不是为谁说话，也不是批评哪个，而是讲一个道理，民生工程不宜以长官意志为转移，而是以百姓需要为驱动力，引导舆论将人与事分开，树立正确的政绩观。

俗话说，当局者迷，旁观者清。评论工作者就是要有这种超然于物的“旁观者”心态，以不偏不倚的冷静审视，窥见事物的真相，发出切中要害、引人深思之问。

□川航迫降事件：查清原因是对机长的最好致敬

5 月 14 日上午，四川航空一架重庆飞往拉萨的航班因机械故障备降成都。该航班在成都区域巡航阶段，因驾驶舱右座前风挡玻璃破裂脱落，后安全备降。(5 月 15 日央广网)

这一事件很快在网上刷屏，驾驶舱风挡玻璃脱落，要在高速、低温、缺氧状态下去操纵一架飞机，难度可想而知，当时，巨大的“吸力”让副驾驶的半个身体都悬挂到了窗外。飞机的成功降落，让大家又惊又赞，执飞的刘传健成了传奇式的英雄人物。有业内人士认为，此次的处置难度甚至比国外发生过的同类事故还要大些。

在高度肯定机组与指挥系统的成功应对的同时，也要心有余悸的是，这起成功备降有一定的幸运因素，一是机长个人的丰富经验，二是“天公作美”。刘传健此前在飞行学院的执教生涯中，曾多次带学员进行过类似训练，为处置民航飞机突发事件打下了基础；二是事发时几乎无云，能见度非常好，否则后果无法预料。

这也给航空安全敲响了警钟，因为不是每次发生险情，都会有幸运相伴，稍有不慎，就是机毁人亡的悲剧。玻璃为什么会破裂脱落？是材料因素，还是安装因素，或是外力波及？都有必要弄个清楚明白。1990 年英国航空的一架飞机前风挡玻璃在飞行过程中也脱落过，因为机务没用规定的螺丝而是用了小一号的，埋下了隐患。此次事件发生后，西南民航局第一时间赶赴现场展开调查。根据相关规定，飞机制造商、发动机公司和航空公司，也会被要求参与协助。不管是何原因，这个调查很有必要，只有搞清楚原因，才能举一反三，防止类似的险情。

根据海恩法则与墨菲定律，每次事故的发生看似偶然，其实是各种因素积累到一定程度的必然结果，只要发生事故的可能性存在，潜在的隐患迟早会演变成现实。只有将每次事故的隐患或苗头及时清除，事故才可以避免。在航空界还有一个圆盘漏洞理论，每一航班的运行有着众多的保障环节，最基本的有人、机、料、法、环五个因素，即操作的人，飞机以及所用的材料、燃料，飞机运行和维修必须遵守的法则，飞机运行的外部环境。这五个因素构成一个系统的圆盘，只要有一处漏洞就会埋下隐患。

成功处置险情当然是可歌可泣的壮举，但更要从源头上防范险情的发生，保障航空安全的“圆盘”是完美无缺的。调查事发的原因，做好事先的排查预防工作，比事后赞美英雄更重要，也是对英雄的最好慰藉。因为不用去面对险情，不用去成为英雄，才是航空安全的真谛。

（2018 年 5 月 16 日红网）

评后语

川航班机空中遇险，驾驶舱风挡玻璃脱落，实乃罕见的一起故障。机长以惊人的个人意志力，克服了不可描述的困难，将飞机成功备降，避免了机毁人亡的悲剧。消息传出，英雄机长被刷屏了。这确实是壮举，危难之中见真章，怎么肯定都不为过。

在一片欢呼声中，我保持了冷静，纵观网上的大量报道，发现这次的成功备降，实有幸运的因素。因为航班上执飞的是一位经验丰富又开过战机的机长，有出色的个人素质，还有就是当时的天气利于备降，要不然，后果不堪设想。这个幸运，实是令人感到后怕，所谓天时、地利、人和，缺一不可，如果没有这些幸运因素，可能就是惨剧。正如机长的妻子在接受采访时所说，宁愿不要机长是英雄。危险造英雄，并不是一件可以额手称庆的事，航班经受不起这样的考验。死里逃生之后，更要反思为什么会出现这样的险情。

任何险情的出现都不是偶然的，一定是有必然的隐患存在所致，反思险情，找到原因，才是对机长的最好致敬。因为排除安全飞行的隐患，是对机组人员，也是对所有生命的敬畏与负责。安全无小事，宁愿不要英雄，不要惊心动魄，只要岁月静好。表达这个观点，不是杂音，实是对生命的关怀。

□丽江旅游市场不能总是在整顿

针对丽江旅游一度被频频曝光等情况，10 日，丽江市召开 1450 人参加的大会，重点整顿旅游市场，提升旅游服务质量。（2 月 13 日《云南日报》）

这次整顿的触发点，应与不久前的游客被打事件有关。会议现场播放了几起景区打人、欺诈消费者的警示教育片。丽江市领导表示，这给丽江旅游带来极不好声誉，要重塑丽江旅游形象。

据报道，本次会议长达 3 小时，规模之大也少见，体现了丽江“刮骨疗毒”净化旅游环境的决心。但这不是丽江第一次如此出重拳表决心，也不是第一次整治不合理低价游、价格欺诈、强迫和变相强迫消费之类的乱象。

近年来，丽江旅游不时被负面新闻缠身，包括导游打人、出租车宰客、酒托之类，虽是少数个案，却让丽江形象蒙羞。每一次的事后，丽江都轰轰烈烈开展过旅游市场大整顿，但并没能防止顽疾复发。

2014 年，丽江启动旅游市场秩序专项整治工作，从 1 月下旬持续至 6 月中旬。2015 年 10 月 9 日，国家旅游局通报丽江古城景区存在欺客宰客情况严重、环境卫生脏乱差等问题，给予严重警告，限期 6 个月整改——丽江当即成立整改工作领导小组，进行旅游市场秩序大整顿。2016 年 7 月 10 日起，丽江又开展为期 3 个月的专项整治行动，重点打击“黑社”“黑导”“黑车”“黑店”。同年 11 月，丽江开展为期半年整治“不合理低价游”专项行动，以斩断旅游购物“高定价、高回扣”行为。

从上可以看出，丽江旅游市场的整顿一直在进行，几乎从没有中断过，每次都是为期3个月到半年，力度不可谓不大，但相关纠纷投诉也从来没有断过。2016年2月，丽江还专门成立旅游警察支队，为旅游市场保驾护航。令人遗憾的是，网友“@琳哒是我”被打事件后，丽江警方官方微博居然转发指责被打女游客“放荡”的内容，后道歉称是出现登录异常现象所致。

显然，丽江旅游市场的整顿，要摆脱怪圈才行，不能总是在“出事——整顿”的循环中打转。每一次的整顿，我相信都是痛定思痛的洗心革面之举。但那么多次那么长时间的整顿过后，依然不如人意，这整顿的效果与方法，就值得反思了。除了“见一个打一个”的治标，还要有长效机制与常态化的执法，不能依赖运动式执法的一阵风来解决问题。

“有些购物店之所以那么嚣张，为什么就关不掉呢？背后有人吧。”2月10日的云南省政府常务会议上，省长阮成发当着众多官员的面直指问题的核心。不仅是购物店，一些旅游乱象的嚣张，估计多与保护伞的存在或打击不力有关。如何斩断各种利益的牵扯，健全旅游市场主体的进入与退出机制，对发生问题的实行一票否决，逐出市场，对责任人严加追究，让丑恶现象不能滋生、不敢抬头、不想再犯，真正树立丽江旅游良好形象，还须当地找到良性循环的对策。

（2017年2月14日红网）

评后语

一段时间以来，丽江旅游负面新闻缠身，游客被打、导游打人、出租车宰客之类，严重影响了丽江的旅游形象，也引起了有关方面的重视。2017年2月启动的这次整顿，是对此前舆情发酵的一次回应与姿态，号称是“最严整顿”，有刮骨疗毒之心。我在梳理这一新闻时，敏锐地发现，过去有过多轮这样的大整顿，持续时间都有数月之久。这一次的整顿从时间纵深与治理广度，未必有超过以往的内容，能耳目一新吗？会不同以往吗？于是提出不能总是陷于“整顿——出事——整顿”的怪圈。这是冷静的审视，也是质疑整顿的落入窠臼，发问振聋发聩，又发人深省。

如果仅仅写这次的整顿要怎么样，不如以过去每次的整顿没有怎么样为例，反讽整顿别流于形式，也是提醒这次不能再放“空炮”。这样的监督力度可谓说的轻却落的重。此角度在红网红辣椒2017年度评论佳作评选中，得到多位评委专家的肯定，认为直击好害，一针见血。此文获评红辣椒2017年度评论佳作。

□药监局“二次地震”的破坏力不可小视

国家药监局再曝腐败窝案，任职药品注册司生物制品处调研员的卫良等5人被批捕，被认为是继郑筱萸出事后的“第二次地震”。(4月17日《经济观察报》)

据透露，卫良涉案金案约150万元，远不及郑筱萸649万元的受贿额。“目前药监系统曝出的没有高官，说明后郑筱萸时代，在权力约束方面还是有所改观。”一位检察系统人士说。

相较于上次从郑筱萸局长到曹文庄、郝和平司长等一干大员的落马，这次“地震”的级别或小得多。但是不是损失就不大，值得庆幸呢？我看未必。

“卫良出事，是因为医药企业的举报。”知情人士称，这家医药企业是一家涉及生物制品的“问题企业”。举报卫良的是“问题企业”，不免耐人寻味。是卫良收了钱不办事或是将事办砸了，对企业“保护不力”，让对方恼羞成怒所致？还是调查中拔出萝卜带出泥？

不管怎样，卫良等人的工作领域事关生命安全。卫良等人的出事，于药监系统，是又一次蒙羞。

郑筱萸时代，接连闹出“齐二药”“欣弗”“佰易”等一系列让人心惊肉跳的事件，具体原因各一，但失范的监管让群众用药风险陡增是必然的结果。郑筱萸本人就利用职务便利，为8家制药企业在药品、医疗器械的审批等方面谋取利益。玩忽职守造成许多不应换发文号或应予撤销批准文号的药品获得了文号，其中 6 种药品竟然是假药。

有蜕变的官员就有变质的药品，用药风险的根子无疑源于监管的失职与腐败。而相较于身体的受戕害，老百姓对监管信心的丧失更可怕。监察部副部长屈万祥就指出，这种腐败行为伤及政府监管的根本，动摇了政府监管的基础。

此次药监系统多人涉案，“说明权力寻租的问题依然没有很好地解决”。“二次地震”的级别虽小，但性质依然恶劣，对群众心理冲击的能量并不亚于郑筱萸事件。因为重复的错误对群众信心的杀伤力只会递增不会递减，若一而再，再而三地发生，监管的公信力必将荡然无存。

郑筱萸事件后，药监局就工作中的薄弱环节，采取了一系列补强措施，但用药安全问题，不是表几个态，发几个文件，将人员简单轮岗就可万事大吉的。因此，“阳光审批”如何落到实处，“最大程度实现药品审评审批的公开透明，切实加强对药品审批权力的监督制约”依然任重道远。

药监局“二次地震”暴露出监管腐败的顽疾难除。改革尚未成功，监督仍须努力。

（2010 年 4 月 19 日《华西都市报》）

评后语

2005 年夏天，众多药监系统官员相继涉案落马，包括国家药监局原局长郑筱萸、药品注册司原司长曹文庄、医疗器械司原司长郝和平等大员，受到法律严惩。窝案的查处，对整个系统来说，应该是刮骨疗毒之举，也令人警醒。2007 年 7 月 10 日，国家药监局政策法规司副司长颜江瑛出席国新办新闻发布会时表示，要深刻反思，真正地把人民的利益放在第一位，将明确药品的审评审批过程要保证最大化透明，接受社会的监督。

言犹在耳，殷鉴不远，国家药监局再曝腐败窝案，被称为“二次地震”，虽然震级较小，对社会仍有较大的心理冲击力，会损耗群众对监管的信心。

本文在此再敲警钟，指出用药风险的根子源于监管的失职与腐败，这个顽疾仍要克难攻坚加以解决。几年后的2015年5月，国家食品药品监管总局医疗器械监管司原司长童敏涉嫌违纪出事，后因受贿罪获刑10年。再到2018年爆出的长生疫苗事件，此文所发出的警示与呼吁，仍然有深刻的现实意义，加强药品监督任重道远，并非一句套话！

民以食为天，药品事关人命，每一次食品药品监管系统的出事，对社会信心都是打击。修复社会信心，首先是修复监管系统的良好生态，只有监管系统正本清源，市场上才能风清气正。

□ “削山造城”别只见愚公而不见精神

据自然资源部近日发布的土地督察公告，陕西在延安新区、甘肃在兰州新区存在“削山造城”，大规模违法违规开发未利用地等突出问题，其中兰州市皋兰县在造地过程中，毁损基本农田1800余亩，水土严重流失，环境恶化，直接损失达数亿元。（4月11日《中国房地产报》）

一段时期以来，“削山造城”在一些建设用地比较紧张的城市大行其道，从根源上看，城镇化进程中人多地少的矛盾，对一些城市的发展与扩张造成了制约，“向山要地”成了一种破解之道，“再造一个某某”也成为响当当的口号与行动。早在2012年4月，延安就开始实施规模巨大的“削山造城”工程，欲在城市周边的沟壑地带建造一个两倍于目前城区的新城；同月，昆明市东川区为拓宽工业园区规模，采取“削山填谷”的方式扩大用地；同年10月，“兰州新城”开工仪式举行，计划填平山谷，在郊区打造一个新城区。

其实，“削山造城”同围湖造田、填海造地在本质上都是一样的，就是打破现有的地理格局，以牺牲一种自然地貌来换取另一种人工地貌，实是一种割肉补疮的行为。因此，“削山造城”运动一开始，就引起外界的担忧，因为人工的“愚公移山”固然可以整理出大片建设用地，却会使原生山体、水系、生态系统遭受破坏，造成难以逆转的损失。有些地方的自然生态本来就脆弱，再遭破坏就会雪上加霜。

此起彼伏的“削山造城”，背后的动机不一，发展冲动、摊大饼式的粗放式做法，是常见的原因。有的只看重眼前的经济利益与GDP增长，也有的就是长官意志、个人意志下的拍脑袋产物，根本就没有经过科学论证与细致规划。曾有报道披露，某地一个财力只有3000多万元的贫困县，计划斥资60多亿元建新城，结果留下一堆“烂尾楼”。而背后的动因仅是上级领导来考察时，提及这里交通不便，不如另建新区。这真是没有条件创造条件也要上啊，如此不自量力，罔顾客观实际，唯上级意志是从，注定是事与愿违。

在大力建设生态文明的今天，城市的发展也早已注入生态理念，当以绿色宜居为本。任何破坏生态的造城行为，动机再好也是与此背道而驰的。须知愚公移山的精神，是做事有顽强毅力、不怕困难，而不是真的去移山。不计生态后果来造城，只有“愚”而没有可持续发展的远见精神。城市的做大做强，在于合理规划空间，充分利用空间，发展特色产业，站上创新的制高点，而不是盲目扩大城区面积，搞房地产与形象工程。一些新城成空城“鬼城”，就是盲目扩张的结果。

绿水青山就是金山银山，“削山造城”不应以破坏生态为代价，给自然以呼吸的空间也是让城市有喘气的地方，留得青山在，还怕没有好的城市蓝图？在生态环境损害要实行责任追究的今天，“削山造城”须三思而行了。

（2018年4月13日红网）

评后语

“削山造城”曾流行于一时，多个地方纷纷以再造一座新城为骄傲，过去也有舆论对此质疑过。这次是在上级的通报中，有了明确的意见，认为“削山造城”影响生态。这为评论提供了政策与理论支持，可以理直气壮、观点鲜明地对“削山造城”的负面影响进行探讨。

在大力推进生态文明建设的今天，绿水青山就是金山银山，中央环保督察组多次通报破坏环境生态的典型，过去模糊的地方已有了明确的边界，再“削山造城”就显然不合时宜了。老问题要讲出新意，就要赋予新的时代内涵，我以削山只是愚公行为，却不是真正的克难前行精神，道出“削山造城”的不可为。这个比喻有新意又讲明了道理，符合新时代的发展精神。

□成都被弃公园不妨天价申遗

为承接明年6月开幕的第三届国际非遗节，成都一项投资40余亿元的“新非遗公园”正在如火如荼地紧张建设。此前，成都曾举办了两届国际非物质文化遗产节，并与之相配套地建了一个非遗主题公园。原址仅用3年即被弃，又花巨资建新园，市民感到心疼，“是不是规划上少了些远景考虑呢?”(9月6日《华西都市报》)

类似新楼建了就炸，小区没入住就拆，一个曾经雄心勃勃的公园，号称“中国最大的非物质文化遗产博物馆，全世界范围内非物质文化遗产交流中心”，使用不过3年就因“跟不上形势”被弃，也不是太令人意外的先例。

按当下发展旅游的热门路径，成都被弃公园就不妨“废物利用”，大张旗鼓地高调天价申遗。既可变废为宝，又可以用申遗的名义重新大修土木，拆拆建建都是GDP，妙不可言啦!

所谓世界遗产，是指人类罕见的、目前无法替代的财富，全人类公认的具有突出意义和普遍价值的文物古迹及自然景观。成都非遗公园原址完全符合这一要求，“中国第一个非物质文化遗产国家公园”“2007年和2009年两届非遗节主会场”“上百个国内外非遗项目曾集中于此做静态动态展示”，这些都是独一无二的元素，更重要的是，作为最短命的主题公园，放眼世界也绝无仅有，谁能望其项背？其突出意义与普遍价值还在于，可以脸不红心不跳地向游人标榜，此公园申遗是为了展示“短命规划”的样本，将“中国非物质文化遗产教育基地”变为“决策浪费警示教育基地”。

联想到丹霞申遗花了十几个亿，用于基础设施建设、配套设施建设、景区综合治理等，做了今后十几年乃至几十年要做的事，可见，申遗就是发展经济的助推器。相较于那些穷山区，成都被弃公园若申遗，以当地雄厚财力，拉动数十亿或几百亿的配套建设是不费吹灰之力的，经济又找到一强劲增长点啦。

所以，非遗公园用了3年即成“遗址”，并不是一件令人懊恼的事，决策者们自有兴园妙法，我等普通百姓，何必为之痛心伤神。

（2010年9月8日《新华每日电讯》）

评后语

一个曾经雄心勃勃的公园，号称“中国的非物质文化遗产博物馆，全世界范围内非物质文化遗产交流中心”，使用不过3年就因“跟不上形势”被弃，这跟新楼建了就炸、小区没入住就拆的现象类似。怪事并不怪，拆拆建建的坏毛病大行其道，短命建设背后是官员的不良政绩思维在作怪。

本文在对此质疑的同时，写作上采取了反讽的手法，没有直接批评这种浪费行为，而是建议将报废的公园当遗产去申报，又能出一项政绩，还能趁机收费。如此反话正说，入木三分，将“短命规划”的浪费之痛，揭露得淋漓尽致。

□背官员救灾为何要被当作好人好事

9 月 16 日下午，浙江泰顺县教育局官博发布消息，对该局计财科科长“在下乡指导救灾路上被在场的保险工作人员搀扶”一事做出回应，决定免去包序威的科长职务。(9 月 16 日《温州都市报》)

因台风来袭，泰顺受灾严重，教育局计财科科长包序威去学校了解灾情，在一处淤泥路段，被两个保险公司的工作人员架着经过，因为他当时没有穿雨鞋，而他们穿了。这一幕被同行的保险公司另一个员工拍了下来，本想记录这种帮助他人跋涉泥泞的温馨感人场面，结果成了负面舆情，科长被指官僚主义，让人抬着去救灾。

这已不是第一次有官员因这样的照片引起风波。今年 6 月，云南昭通供电局微信公号中的一张“电力公司员工背受灾群众转移”救灾宣传照，引发质疑。有网友指出，照片中“受灾群众”系彝良县交通局一干部，该照片是作秀。

早在 2014 年的 6 月 20 日，江西贵溪市白田乡兰田村，3 名小学女生在返校途中意外落水，2 人身亡。在救援现场，贵溪市政府办公室副主任为避免蹚水湿鞋，让下属背其过河。再往前的一年，浙江余姚一名救灾官员因为被村支书背着蹚过积水而被免职。

虽然这些事件中，官员都是他人主动来背，自己是被动坐到他人肩上，但都无一例外地受到批评。跟泰顺这位计财科长一样，下雨天勘灾不穿雨鞋，仍是休闲打扮，哪像是来救灾的。即便没被人背，不愿湿脚的斯文样，也会被认为是走过场，缺真诚，作风漂浮，不接地气。所以，有评论一针见血，请从思想深处脱下你的鞋子。

我想说的是，为何这样的场景总会被记录下来？我相信拍摄者都是出于好心，想表扬一种热心助人，没有要给官员挖坑的意思。所谓拍者无心，看者有意。最后被围观的“吃瓜群众”看出问题所在，形成负面舆情，估计拍摄者也没想到。

为什么在他们眼中，总将背官员当作好人好事来表扬，并发出去做宣传之用？拍照无辜，拍马有毒。一些人的头脑中，始终紧绷着一根弦，即不放过任何表扬、讨好领导的机会，或体现领导的亲临一线，或是示好领导。你看，我背了你的，我帮你打伞、拎包了的，有照片为证呢。结果，照片发出来，倒成了领导工作不踏实的铁证，反将领导害了。

个别官员的形式主义要不得，这种讨好谄媚的思想，一样是陷阱啊！官员要人背要人搀扶，倒的是人格尊严，真正要扶起来的，是对官员的一个正常态度。如果没有这些抬轿讨好的思维，又怎会有官员被背救灾的场景。一个巴掌拍不响嘛，有愿背的，还被视作是在助人为乐，当然也就有愿意给人背的。

所以，这类照片出事，需要反思的是当事各方，需要被矫正思想的，也是参与其中的各方。

（2016 年 9 月 18 日《楚天都市报》）

评后语

经常有官员因为被他人背着视察工作，或被人打伞而在曝光后受到诟病，认为是工作漂浮的表现，存在官僚主义的老爷作风。一般来说，批评的矛头都会指向不接地气的官员，认为其官风不正。这样的批评也没有错，符合社会上对官员高标准、严要求的检视心理，在反“四风”的背景下，这样的批评也是站得住脚的。

但我在写作中，反其道行之：官员被人背，固然有自身觉悟不高的原因，却也是惯出来的毛病。现实中，那些眼睛向上的，以刻意讨好领导为荣，往往不由分说，以此来与领导拉近距离。这种不顾场合、不顾后果的习惯性抬轿拍马，过分的热情示好，实是将领导置于火炉上烤，引发外界反感，引来负面舆情。

背官员救灾被当作好人好事，实是一种不正常的荣誉观，折射出一种扭曲的上下级关系与庸俗观念，理当对此进行质疑与批评。本文的评论视角没有流于表面，源于对生活的深入体察，换个角度看问题，才更接近实情，更深刻。

□官员酒驾肇事为何让员工捐款

11 月4 日，江苏句容市民政局原副局长朱某，驾车与路边停放的7 辆机动车相撞，导致路边一对准备上公交车的母子被撞身亡。朱某因酒驾被南京警方立案侦查并刑拘。(11 月9 日《现代快报》)

据报道，朱某退居二线后担任句容市福利企业协会副会长，这是一个民间组织，民政局没有对他进行考核，他不需要到局里坐班。朱某当晚吃饭、开车肇事是8 小时之外的个人行为，跟公务没有关系。奇怪的是，民政局既然声称朱某出事与单位没有关系，撇得一干二净，却又表示要组织员工为受害者家属捐款。这让人总有些异样的感觉。

一对母子因车祸身亡，这是极其不幸的事，包括句容市民政局在内的社会各界，心生悲悯恻隐之情，愿意对受害者家属表达一份关心与抚慰，来体现社会的温暖，于情于理，都说得过去。也当鼓励支持这样的爱心行动，共同帮受害者家属渡过难关，走出悲痛。但朱某因系民政局退居二线的干部，民政局的募捐行为，又显得不那么单纯，难脱帮朱某“赎罪”之嫌。

这并非反对捐款的意思，社会需要热心肠而不是冷漠，但也要防止本该由某个人承担的责任，无端转嫁到他人身上。因为这样的事是有先例的。广州市南沙区黄阁镇规划国土建设办公室原副主任何某，曾因开公车撞死人，事后用公款赔偿死者家属38 万元。广西临桂县住建局原副局长李某，因醉酒驾公车交通肇事，临桂县财政竟“借款”133 万多元给县住建局，帮该副局长交通肇事“买单”。这显然有损社会公平，也起不到对其本人的惩戒作用。

交通肇事，当由负有责任的驾驶员承担后果，无论民事责任还是刑事责任，该咋负责咋负责。若肇事司机因特殊身份逃脱惩罚，岂不是亵渎了法律尊严。句容市民政局虽然没有动用公款，却发动员工来捐款，献爱心之下，仍难脱花钱帮朱某消灾之嫌。如果朱某是受害者，则是另一码事。

当然，没有谁愿意摊上事，从某种意义上，朱某酒驾，害人也害己，单位帮朱某处理交通事故，体现了集体对个人的关心，但这个分寸要拿捏好。如果民政局的献爱心与朱某本人应承担的赔偿责任能脱钩处理，则无可厚非，切忌越俎代庖，给人联想的空间。

（2016 年 11 月 10 日《楚天都市报》）

评后语

民政局干部驾车肇事，发动员工捐款来慰问遇难者家属，看起来是一项慈善行动，细思却恐极，因为类似的套路不曾让人遗忘：官员交通肇事，让公款买单赔偿的事屡有发生过。这显然是有损社会公平的权力自肥，吃相难看。本文以几起公款赔偿为例，揭出了员工为领导驾车肇事捐款的可疑之处，有瓜田李下之嫌，这样的捐款让献爱心变了味，理应对此质疑。

□别让旧窑洞隐没了副市长的实干

近日，陕西安康市副市长李建民在出差途中突发疾病去世。他老家的旧窑洞在网上爆红，被指生前清贫，唯一家用电器为洗衣机。(6月3日《华商报》)

一些网文试图以反差来衬托副市长的廉洁，“副市长的‘豪宅’将地产商看哭”“看看他家有多‘豪’”。大意是，副市长在老家的几间窑洞很寒酸，就是贴了些瓷砖，那还是国家出一半的补贴，然后几件旧家具，电器都没啥。这无非是讽刺一些人的生活奢华。但这样的“标题党”手法，并没有引起普遍共鸣，反招来网友以及媒体的不同看法。

因为一个官员是否廉洁，仅靠老家的房子，说服力并不充分。这个只能说是他生活低调的指标之一，却代表不了全部。农村老家的房子，大家都懂，由于没人住，不少都已破败。仅此，说明不了什么。也有官员攒钱不用、衣着朴素的例子。笔者对李副市长没有丝毫不敬的意思，只是觉得，媒体的好心突出了旧房子，只抓一点，不及其余，反而隐没了副市长踏实为民的真正实绩。

一个官员评价如何，两个渠道可以获知。一是组织上的认定，通过其家庭财产、子女就业状况，本人履职情况等一系列的调查，确认清清白白，大公无私。二是民间的口碑，通过群众的所见所闻所感，切切实实勾勒出一个好干部来。焦裕禄、孔繁森都是经受这两方面考验与认定的好干部。从媒体的报道来看，这位副市长去世后，不仅是安康，他工作过的志丹、延川、吴起、彬县等地，无数群众自发前去悼念他，说明他是得到群众一定认可的。

李建民在彬县任职期间，用4年就带领彬县成为陕西十强县。这原本是国家贫困县，政府办公楼有近30年的楼龄，但他第一件事是拿钱来发展教育，在陕西省率先化解了“普九”债务。李建民或的确是个好官，但他的形象需要更多这种工作实绩来支撑，需要立体的全方位生动呈现，而不仅是渲染老家的旧房子。那几间窑洞，与他的为官为人缺乏必然的对应关系，也差一个逻辑上的认证。

一个为民的好干部，也更希望他在带领大家干实创业的同时，能有健康丰富的生活。因为好官长命，才是群众的期盼。不幸英年早逝，生前的寒酸，留下感动，亦是心酸。

（2016年6月6日《楚天都市报》）

评后语

一个官员去世，有媒体以他老家的旧窑洞来隐喻官员生前的清贫，这种联想并没有说服力。河南卢氏县委在20世纪50年代末建起来的土坯房办公，也曾被当作勤俭亲民的美谈，却出了贪腐的县委书记。一个官员是否廉洁，与他衣食住行所呈现的朴素并无必然的内在逻辑。常有报道，有贪官刻意低调，家藏巨款却骑自行车出门。

本文在写作中，质疑的不是官员有旧窑洞，而是那种以物取人的形而上学与不切实际。我提出真正应着眼的是这位官员工作中的实干精神，宣传他的工作业绩比宣传老家的旧窑洞更能展现他的精神风貌。这个思路比围绕旧窑洞做文章开阔多了，也给人以启示：宣传一个人物，不用刻意拔高，如实展现他的工作更有说服力。一个好官员，也不必在物质上就一定要过得很苦，相反，应该有常人一样的健康生活方式，这也是为了能更好地工作。

□有轨电车项目的驱动力不应是季建业

项目总投资25.42亿元的南京麒麟有轨电车，原计划2014年8月开通，到现在仍没见动静，从生的杂草已将部分轨道淹没。（澎湃新闻网7月27日）

麒麟有轨电车的命运与曾任南京市市长的季建业息息相关。2010年，季建业在当选南京市市长后不久，便主导推进了位于东郊的麒麟地区板块的大开发，建设科技创新园，作为解决出行问题的配套工程，有轨电车便应运而生。还没等到有轨电车开通，季建业就落马了，麒麟有轨电车项目也随之停摆。

这样的例子很老套，所谓“地以人传”，一些地方公共工程的建设往往与主政者的起落有关。在长官意志下，乘兴而立，败兴而停，其兴也勃焉，其衰也忽焉。在“一任市长一张蓝图”的语境下，官员落马，工程下马，成了常见现象。之前就有报道称，季建业力推的全城雨污分流工程，在其落马后，短短几天之内相继“停工”。吕梁市原市长丁雪峰的吕梁新城项目、太原市原市委书记申维辰的龙潭片区改造工程、广州市原市委书记万庆良的南沙新区项目，也都陷入这种“人去政息”的境地。

无论前任还是现任，干事创业的驱动力应以民生为本，打基础利长远，只要有利于发展有利于群众得实惠，功成不必在我。如果一张蓝图抓到底、一届接着一届干，就不会有这种“原来姹紫嫣红开遍，似这般都付与断井颓垣”的今非昔比。人非物亦非的苍凉，是一种畸形政绩观的投射。有的项目，本身就是形象工程、拍脑袋工程，没经过科学的民主决策程序，强行上马后必然难以为继。

有的虽是民生工程，也夹带有急功近利的政绩思维与领导个人私利，好事就难以办好。比如，南京的雨污分流项目，虽是大势所趋的美事一桩，“从官方数据来看，治污效果明显，处理厂也如愿忙起来了”，但由于急于求成，在没有大面积征集民意的情况下，遍地开花满城挖，“处处都是工地、条条道路都堵车”，曾让南京市民怨声载道。有轨电车因其不会排放废气，是一种无污染的环保交通工具，载客量远远超过普通公交车，但这类项目的拆迁问题多、需要审批的手续繁多，同样难以一蹴而就，缺少外部的强力推动就只能停滞不前了。

有轨电车这类项目的驱动力不应是政绩，而是科学民主的民生决策，因地制宜，量力而行，这样才不会因人废事，才能避免“李市长挖，王市长填，张市长来了不知怎么圆”的尴尬。山西右玉县18任县委书记坚持植树造林，将“不毛之地”改造成山清水秀、满目葱茏的“塞上绿洲”，“不适合人类居住的地方”成了“联合国最佳宜居生态县”，靠的就是方向对路不折腾，为民造福的驱动力源源不断。不管谁来主政，都会被这种惯性和“以民为本”的第一推动力推着往前走，这才是惠民工程的长久之道。

（2015年7月28日《中国青年报》）

评后语

官员落马，工程停摆，这是常见的现象。张书记栽树，李书记砍树，一任领导一张蓝图，大家也习惯了这种官场潜规则，见怪不怪。存在的未必合理，如果换一个领导，就对前任的工程推倒重来，发展没有可持续性，也是造成资源的浪费。

我在写此稿时，就对此现象提出质疑，从常见套路中发现不正常，直指官员落马，工程不能烂尾，该接着建的还是要建，以苍生为念，才是正确的政绩思维。这样写，不落俗套，也提出了一个严肃的问题。

□中石油的事故责任人正在接受表彰

负责大连中石油国际储运公司原油罐区日常运营和检维修工作的中石油大连石化分公司，日前召开了“7·16”火灾事故抢险救援表彰大会。该公司的主要负责人及下属9个单位和197人分别被授予先进集体和先进个人称号。(8月9日《中华工商时报》)

大连油管爆炸事故是一次不折不扣的人祸，在油轮已暂停卸油作业的情况下，仍继续向输油管道中注入原油脱硫剂。国家安监总局和公安部共同发布的《通报》指出，事故暴露出四大问题，包括原油接卸过程中管理混乱，有关部门接到暂停卸油作业的信息后没有及时通知停止加剂作业，事故单位对承包商现场作业疏于管理，现场监护不力。

在这次火灾事故抢险救援中，中石油大连石化分公司的广大员工确实表现出了临危不惧的精神，他们举全公司之力，抑制了火灾险情的发展，这的确值得称赞。但是，也应该看到，事故造成的经济损失与生态损失是惊人的，一名消防队员还因此牺牲，事故单位不反省责任却乐于颁奖，让员工都不忍卒睹，以致愤而投诉。

表彰救灾中的先进者无可厚非，但这种表彰如果掩盖了责任，则有可能导致更多的灾难。2007年河南陕县煤矿透水事故，69名工人被困3天后全部获救，救援人员随后获得表彰。当时的国家安监总局局长李毅中说：“很幸运的是有两条压风管道可以利用，通信线路没有中断，这是历次救援都没有的。”遗憾的是，幸运不可能时时有，就在河南弹冠相庆后的半个月，相邻的山东新汶煤矿就重复了同样的“事件”，又一次因罕见暴雨造成洪水入井，这次却是灭顶之灾，172 人无一生还。

只记得奇迹，不记得教训，这也是灾难不止的原因。我们都熟知“曲突徙薪”的故事，听不进忠告的讳疾忌医心态，只会给灾难埋下祸根。在 2006 年原环保总局的通报中，大连 30 万吨级原油码头项目港址变更项目，即被批评为“风险防范措施与风险应急预案不完善”，而这次被爆炸所引燃的储油罐所属的中石油保税油库，也被提示很多风险敏感点。悲剧终于发生，教训反思了没有？风险敏感点排除了没有？应急预案完善了没有？如果没有，经不起追问的总结又有什么意义？

诚然，每一次灾难中，总会涌现出令人感动的救灾事迹，对那些大无畏的精神与救灾的成功经验进行表彰，也确有必要。比如，王家岭中那些啃馒头喝凉水、风餐露宿的救援工人，大连爆炸事故中勇往直前的消防官兵与群众。但是，“对于在事故中应该承担责任的人大力表彰，相关责任单位的领导干部带头受奖”，显然不合适。

对负有责任的领导，就是有奖也不能颁给你！要不然，何谈公平性，严肃性；何谈惩前毖后，举一反三！又何谈避免下一次灾难！事故过后，公众更希望看到原因分析会、隐患整改会、对责任人的追究处理会，而不是什么比灾难更揪心的自我表扬会！

（2010 年 8 月 10 日《中国青年报》）

评后语

坏事当好事宣传，丧事当喜事办，是一些灾难善后中的积习。大连油管爆炸事故后，照例召开了事故抢险救援表彰大会，消息传来，让人五味杂陈，因为事故的原因还没有好好总结呢。如果没有反思，一场惊心动魄的事故以喜庆的表彰收场，事情就这么过去了，不免让人忧心。本文在肯定救灾经验与先进须总结的同时，指出不能以表彰来代替反省、掩盖失责，表达的观点就有了锐度，也是一针清醒剂。

时间是最好的检验员，如今回过头来看这篇文章，仍让人觉得话题沉重。有媒体梳理发现，自 2010 年 7 月 16 日的这起事故以来，中石油大连石化分公司的辖区内，又先后发生过多起事故，最近的一起是 2017 年 8 月 17 日的火灾事故，事后有14 人被追责。可见，事故后的急于表彰显得多么的黑色幽默，这篇评论的先见之明，实乃忠言逆耳，也是苦口婆心，勿谓言之不预也。此文入选《中国青年报·青年话题书系·今日头条》。

□伊春空难是不是栽倒在“原则上”

24 日 21 时 36 分许，一架由哈尔滨飞往伊春的 E190 型飞机在抵达伊春机场降落时失事，已造成 42 人遇难，54 人受伤，其中 7 人为重伤。(8 月 25 日新华网)

又是一起悲剧，接踵而至的灾难让人在忧伤中有点透不过气来。每一起灾难总是那么的突然与惊心，然而灾难过后撩开事故的面纱，又总能发现一些猝然临之的灾祸原来事出有因，之前已有种种隐忧或预兆，只是那些不祥的因素被忽视了或尚未来得及采取措施，这就让人更加感怀。

伊春空难的具体原因尚不清楚，但从报道的情况来看，或能透出一点端倪：伊春林都机场地处山谷交汇漫滩处，因此夜航条件比较复杂。南航黑龙江分公司运行安全技术部 2009 年 8 月 27 日印发的“关于伊春/林都机场运行安全措施”文件就明确指出，“9 月 1 日以后伊春机场原则上不飞夜航”。其他还有“昼间不在中雨、夜间不在有降水情况下着陆”“不允许顺风起降”等。(8 月 25 日中新网)

这次空难，飞机是在距离跑道 1.5 公里的草地上断裂的，随后发生小型爆炸，可谓降落不成功。不管事故的原因为何，此处机场“夜航有风险，飞行须谨慎”应是要引起注意的。遗憾的是，虽然有“原则上不飞夜航”的安全警示，意外偏偏发生在夜里。这正是令人痛心之处。不知道这“原则上”该如何执行，又是以一个什么样的标准为限进行弹性变通？伊春机场是去年

8月27日开通，当时即有航空公司作了不飞夜航的安全提示，为何在将近一年过去，仍有飞机打破“原则”在晚间降落？究竟是在什么情况什么环节上可以白天不懂夜的危险？还是机场条件已改善了可以不必讲那个“原则”了？这一点有必要给公众一个解释。

也许这起空难完全与夜航因素无关，是不是与其他“原则上”应注意的事项有关也未可知，比如维修要求、飞行要求、监管要求等。但不得不说的是，有的悲剧刚好就发生在这个“原则上”。“对企业或社会上举办的庆典、论坛，领导干部原则上不参加”“建筑物不满20岁原则上不拆”“群体事件除打砸抢原则上不动用警力”，这类原则上的“不”，基本上是句空话。也有原则上要求达到的，往往又做不到，比如“防洪标准原则上达到某某年一遇”之类。不按原则虽可侥幸一时，终究难有好结果，贪官落马，江河决堤，建筑物短命，都与此有关。

每一起意外总是有不意外的地方，防不胜防的原因乃在于对一些意外原本就没有认认真真地防过。王家岭矿难发生前，事发处的作业工段曾多次发现巷道积水，却没有引起重视。这样的教训不胜枚举，

任何时候，对待可能会发生的灾难，我们须谨慎戒惧为好，有备则无患，而不是以变应万变。毕竟，灾害的发生不以人的意志为转移，你设定几十年一遇的标准，刚好来了几百年或千年一遇的怎么办？以为近期无迹象表明会有大灾，偏偏天有不测风云又如何应对？与其事后哀叹没想到，再举一反三搞什么运动式检查，不如平日将安全意识的经念好。

（2010年8月26日《中国青年报》）

评后语

如何寻找评论的角度？有人说，从新闻事件的发展过程去考虑，从新闻的细节去找出差异化的角度，或是从社会最期待的问题意识去发现。伊春空难发生后如何找到独到而深刻的评论点？我细读新闻，发现此处机场原则上不飞夜航，而发生空难的飞机刚好又在晚上。二者之间有没有关联？

我敏锐地抓到这一点，从中发现空难的因果关联，就是从新闻事件发生的过程去考虑问题，从细节上找到问题的根源，这既打破了就事论事的老套路，又直击要害。

多少事情，就是坏在“原则上”。“原则上”是一个弹性空间，看似有规则，实际上又留有变通的余地，消解了规则的刚性。伊春空难如果是倒在“原则上”，放弃了对原则的坚守，这种教训与痛心都太沉重，对其他在原则问题上心存侥幸的，都是发人深省的一课，对此当予以理性存疑。这个角度跳出了空难的本身，思维与视野开阔，对众多社会问题都有广谱性的教育意义，评论的分量也重多了。此文入选《中国青年报·青年话题文选·别把中国想简单了》。

□官员你别怕，咱也见过钱

官员财产公开近来成了热门话题，大家普遍认为这是建设廉洁政治、预防腐败的重要一环，是约束权力的好笼子、好制度设计。

当然，表达疑虑或反对的也不乏其人。广东省人大代表、广铝集团有限公司董事长兼总裁叶鹏智就表示，官员也是人，隐私权要得到尊重；官员是公仆，不是老百姓的奴隶，其财产包括存款与房子都有渠道可查，不必公开。浙江慈溪市纪委常委杨智峰也认为，目前收入差距较大，官员财产网上彻底公示后，会引起社会反弹，带来不稳定。

财不露白是中国人的传统观念，不得不说，中国人的贫富差距以及由此产生的仇富心理，不是今天才有，谋财害命的事自古就经常发生。因此，中国人有一种怕致富怕露富的思想，这种观念至今仍影响着国人致富的积极性。而“劫富济贫”也影响着国人对未来的信心，一些富人的移民，也不能说与此无关。

而无论隐私说，还是稳定说、国情说，都是担心官员的人身安全问题。客观而言，在当前贫富差距大、一些地方社会治安欠佳、部分人群存在仇官仇富心理的现实语境中，这种担心也不是没有道理。不必因此就断定他们是腐败分子，心里有鬼发虚，或是想为腐败分子袒护开脱。

这种担心其实是多余的。一者，只要是个官员，不管公不公开，周围的群众都知道他的财产相对较多，因为干部收入稳定，且有一定的灰色收入；

国企高管更是享受高薪，这都不是秘密。不是经常有“小偷反腐”么，从官员家盗得巨款的案例即是明证。小偷也知道一些官员家中钱多，好偷，被盗也不敢报案。当然，不管是偷谁的家，都与法不容，因此，反腐不能靠小偷。

二者，当今是个信息透明的时代，不管是上班族还是经商的，有多少房产，有没有钱，其实很难“隐藏”起来。事实上，一些落马的官员，其不法行为与腐败劣迹，群众早看在眼里，一些绰号成了反腐线索，也屡被证明。群众的眼睛是雪亮的，只有相关部门不知道，或揣着明白装糊涂，以民不告官不究的态度睁眼闭眼了事。所以，贪官想大隐于市，是一厢情愿，掩耳盗铃罢了。近期的“房叔”“房姐”之类，就是如此，纵有多个户口，依然遮不住。

要说公开会影响稳定，只能说是来路不正的财产，才会千夫所指，才会让人情绪不稳。其实，只要是合法合情合理的收入，就不怕公开，大家自会理解接受。事实上，普通人也常主动谈论在哪买房置业，在哪投资，只要是来得正的钱，就不会避讳。毕竟，如今社会发展了，国强民富了，人们又不是没见过钱，这点雅量还是有的。

（2013 年 1 月 29 日《中国青年报》）

评后语

官员财产公示是个“老大难”的敏感问题，难点就在于财不露白的隐私与安全问题。本文直面这一痛点，对此提出质疑，指出社会发展了，国强民富，大家都见过钱，早不眼红了，只要来的正当就不怕，以其人之道还其人之身，说服力强。

这是个老问题，用新的角度，就会有新的关注度。此文被 FT 中文网专栏作家徐达内在媒体札记中点评：评论家们继续吁求官员财产公开制度，对于“公示财产或致社会不稳”这类疑虑之声，调侃地说：“官员你别怕，咱也见过钱。”虽是调侃，却笑的不轻松。

□最怕霾成了一种天气过程

12月6日，中央气象台发布雾霾双预警，预计未来3天南雾北霾，环保部也于当日开会紧急应对，派出10个工作组赴各地督查。之前，国家气象中心已于3日预报，12月份我国仍有2~3次雾霾天气过程。

自从霾这几年频繁闯入我们的生活，由气象部门发布霾预报已成惯例。2013年1月28日，中国气象局发布关于做好霾天气预警工作的通知，首次将PM2.5作为发布预警的重要指标之一。同日，中央气象台首次单独发布霾预警。之后，这便是顺理成章的常态。

根据气象专家的说法，雾与霾不同，雾由水汽组成，霾则由大量PM2.5等颗粒物飘浮在空气中而形成，是污染源排放和气象条件共同作用的结果。严格意义上讲，霾并非某种天气现象，而是一种污染状况的呈现。在霾预警级别的划分中，将反映空气质量的PM2.5浓度与大气能见度、相对湿度等气象要素并列为重要指标，即是这个道理，使霾预警不仅仅反映大气视程条件变化，更体现了空气污染或大气成分的状态。

既然霾更多的是一种污染现象而非传统的天气现象，由谁来发布霾预警比较合适呢？其实应是环保部门。这样的好处是，能更好地认识霾的危害，分清防范处置的责任主体。霾本是一种空气污染灾害，且是人为灾害，就跟火灾、矿难、交通事故之类一样，当有相应的职能部门来负责控制减少或避免这类灾害的发生。由环保部门根据空气质量的监测情况来发布霾的预警，采取措施应对，自是题中之义。

当然，霾的生成与气候条件有一定的关系，暂由气象部门发布也未尝不可，就是担心老是由气象部门发布的话，久而久之，可能会造成一种错觉，似乎起霾跟刮风下雨一样，成了一种正常的天气现象，因此模糊了人为灾害与自然灾害的界限，见怪不怪。反正久雨必晴，久晴必雨，大家对霾也会产生这种心理，觉得空气干净几天再污染几天是正常的。正如太阳一出地面就会干，大风一来霾就会给吹跑，躲霾也就跟避雨一样，要么就在家待着，要不就戴个口罩出门，跟打伞一样成为生活习惯。这会让公众对霾产生逆来顺受的审丑疲劳，相关部门也会熟视无睹，大家慢慢得过且过起来。

这并非危言耸听，无论从舆论还是从相关部门的作为来看，个别地方已渐渐没有了前几年那种对霾如临大敌的氛围。以前雾霾成灾时，政府部门又是制定预警级别，又是启动应急措施，将应对工作纳入公共事件应急体系，积极性与士气都挺高的。近来，从11月东北三省的重度雾霾，以及11月27日到12月1日的京津冀雾霾来看，有人已淡定了许多，除了网上的调侃依旧，大家在无奈中寻找开心外，有的地方说好的应急预案没了影子，环保部的督查发现了大量环境违法行为，也没见企业自律或是谁来约束一下，只是通报了事。

令人担心的即在于此，如果老由气象部门发布预警，搞不好，霾就可能在习惯成自然中，与风霜雨雪一道成了自然现象，被当成了一种天气过程，与我们长期和平共处了。我们的警惕性会降低，抗霾意志会消磨，行动力会在温水煮青蛙中削弱。

为避免大家忧怀丧志，霾预警还是由环保部门来发布好，或以环保部门为主体，由气象部门配合发布也行，以倒逼他们的工作责任心。上次东北三省的重度雾霾中，环保部派出督查组后发现，大量企业存在超标排放、环保设施运行不合规等问题，如果环保部门的工作能做在前面，将监管前置，也许不至于此。环保部门只有每天将大气、水等污染状况摸个一清二白，才能及时跟进做好督查整改，而不是在出现重污情况时才紧急行动起来。

（2015年12月8日红网）

评后语

霾是近年来群众关注的热点话题，一般人不会去思考霾预警由谁发布的话题。所谓专业评论者，要有超出社会平均水平的认知，即在常人没有想到的情况下，先人一步提出问题。在工作中我发现一个疑惑，霾既然是污染现象，而非单纯的天气事件，如果老由气象部门发布预警，是不是会在习惯成自然中，与风霜雨雪一道成了天气现象？这样的话，有可能让大家在麻木不仁中降低对霾的重视，习惯了与霾长期共存，等风来吹走雾霾，会降低治霾的行动力。

我以敏锐的视角提出担心与建议，并非没事找事，实是想在他人前面。后来，到了 2017 年的 1 月，果然改成了由环保和气象部门联合会商发布，这就是承认了霾是有别于雾的空气污染活动，明确了发布的责任主体，也就是明确了防治的责任主体。这篇文章经受了时间检验，这种先见之明，是建立在科学思考的基础上的，并非为了质疑而质疑。

任何建设性意见的提出，须基于对现实的准确认识，或于法有据，或于情可原，或于理可究。比如郭光东的名篇《国旗为谁而降》这篇评论，率先提出国旗可为普通遇难者而降的观点，是来自于《国旗法》的规定：“发生特别重大伤亡的不幸事件或者严重自然灾害造成重大伤亡时，可以下半旗致哀。”有据可依的建议，就不会冒失，提出来后也就有可行性，不会成空谈。

□煤矿安全慎言“世界先进水平”

据新华社报道，今年 1 ~ 8 月，山西省各类安全生产事故死亡人数在 2009 年比 2008 年减少 1018 人、2010 年比 2009 年减少 505 人的基础上，又同比减少 170 人，下降 10.2%；煤炭生产百万吨死亡率下降到 0.077，达到世界先进水平。

山西是我国煤炭大省，安全生产的任务十分繁重，近年来，该省以“抓好安全生产也是政绩”的理念，深入开展以煤矿为重点、覆盖各行业各领域的安全生产专项整治，付出了很大的努力，安全生产形势趋于稳定，这是值得肯定与高兴的事。

要看到的是，安全生产既要靠“标准化矿井建设”等硬件设施保障，也要靠管理制度、安全意识等软件保证。通常，安全生产多少天成绩的取得，只能代表过去的幸运，并不能说明安全的篱笆就牢不可破。就在几天前，山西中煤金海洋元宝湾煤矿发生“9·16”透水事故，导致 8 人遇难。山西省有关领导表示，这暴露了有些地方和企业没有高度重视安全生产，没有做到认真排查、消除隐患；暴露了部分煤矿安全生产措施落实不到位，安全管理不严格等突出问题。

因此，以暂时的低死亡率这一项统计指标，就宣告安全已达“世界先进水平”，既不科学也容易让人麻痹自得。中国工程院院士彭苏萍曾经指出，中国煤田地质条件极其复杂，煤层里多存在瓦斯，开采后容易自燃，也容易引发透水事故。中国煤矿开发的难度比世界上许多国家的都大，例如美国许多煤矿都是露天开采，深度浅，而中国煤矿大多在－800米以下，甚至还有－1300米以下的，开采难度大。这种“先天不足”就决定了保证安全生产的不易。

而美国、英国安全生产的取得，与严格的管理分不开。美国围绕煤矿生产先后制定了10多部法律，安全标准越来越高。同时，美国煤矿安全部门执法非常严格，对唯利是图、违反规定生产的矿主惩罚严厉。矿主也遵守法律，严格按照安全操作规程办事，从而确保了煤矿生产安全。英国的煤矿安全规定，煤矿经理必须有煤矿井下工作经历，每个作业时段井下都必须有一个副经理负责现场管理。

国内矿难频仍，除了开采中的技术原因外，“人祸”的因素更多，除了中小煤矿违规作业屡酿事故外，一些国有大煤矿，也因抢进度抢产量而忽视安全问题，有的甚至检查团刚离开就出事了。安全生产是个系统工程，在开采技术还有待提高的情况下，在井下作业与避险系统还不够完备的情况下，在管理上还不时有疏漏与不到位的情况下，煤矿安全离“世界先进水平”还有不小距离。

（2011年9月27日《中国青年报》）

评后语

煤炭生产百万吨死亡率下降到0.077，达到世界先进水平，这是好事，但煤炭生产安全是一个动态的过程，会随着形势的变化而变化。我在网上检索发现，国外的煤炭开采条件与管理制度，有其先进之处，我们的安全先进水平，还不能高枕无忧。

媒体在报喜的同时，有责任戒慎戒惧，常怀敬畏之心。我提出慎言先进水平，就是要时刻保持一份清醒，这都是有中外对比数据的，用事实说话，说服力强。对喜事泼冷水，不是为了哗众取宠，实是客观审视煤矿的安全生产问题。

▯王家岭奇迹需让人反躬自省

经过紧张而揪心的八天八夜，王家岭逢凶化吉，已有 115 名工人成功获救。

这当是一个令人喜极而泣的结果。2007 年河南陕县煤矿透水事故，69 名工人在被困 3 天后全部获救，主管安全生产的副县长当众痛哭。的确，太不容易了，长太息以掩涕兮，哀矿工生之多艰！

苍天保佑，此次王家岭创造了存活 8 天的更大奇迹，同时又刷新了一项纪录，“矿难发生 190 小时后救出了大部分矿工，创造了中国矿难救援史上的一个奇迹”。如此之幸，怎么长歌当哭都不为过。

应该说，各个环节紧密相扣，各方力量团结合作，不抛弃不放弃的以人为本，让我们在无私奉献与顽强拼搏中赢得了与死神的赛跑，让世界再次见证了国人在灾难面前众志成城的感动力量。

奇迹让人感动，也让人反躬自省。

因为坏事或能变为好事，幸运却不能随便复制。在河南陕县为遇险工人大团圆而弹冠相庆的两周后，山东就重复了同样的“事件”，又一次因罕见暴雨造成洪水入井。这次很不幸，积水达千万方，怎么抽都抽不完，172 人全部遇难。

王家岭矿难虽然最终取得了一个比较理想的救援结果，可喜可贺，但庆幸之余，仍让人心有余悸——

如果井下条件只能让生命坚持 3 ~ 5 天，又会是怎样的结果？如果排水量能早点达到 2000 方/时，救援时间是不是可以往前赶？如果积水不是 13 万方而是更多，153 条人命又将如何安放？

虽然往坏处想有点残忍，但并非不会发生。115 条人命的存活，其实经不起简单的追问。

诚然，种种情况增加了抢险难度，但大谈成功的同时，也不必讳言，王家岭煤矿只有两台水泵，有工人反映救援工作缺乏协调性，排水速度难以预期，说明应急工作尚有不足。

这并不是一叶障目的吹毛求疵，就像这起“事件”本来可以避免，如果一切还可做得更好，当以完美为快。

奇迹让人高兴，亦需戒慎恐惧的反思。王家岭救援的成功，不是矿难的结束，只是吸取教训、洗心革面的开始。如何让警钟真正长鸣，如何避免对生命的漠视，避免对隐患的麻木不仁，让王家岭成为安全生产的新起点，而不是一个“事故——整顿——事故”轮回的节点，还有很多工作要做，还有待各方的真抓实干。

我们希望，“王家岭”这三个字今后能被铭记，不仅仅因为它曾经让全中国见证过一次感人的奇迹，还因为它从此成为一条安全生产的分水岭。

（2010 年 4 月 6 日《华西都市报》）

评后语

王家岭透水事故的成功营救，令人欣慰，当地一度想拍电影庆功。其实，这只是一次幸运，营救的成功，离不开多种条件的凑就，正如川航在空中遇险后的成功备降一样，高兴过后，当心有余悸才是。总结经验教训，避免悲剧重演才是根本。

此文在写作思路上，同中石油大连石化的庆功类似，以冷峻的视角看问题，没有陶醉于营救成功的喜悦，不是挑刺，也不是杂音，而是保持清醒，保持对生命的敬畏与关怀。

广州暴雨的“三个历史罕见”与不罕见

6日晚到7日，广州普降大暴雨，造成7人死亡。

广州南北交通主动脉——广州大道因积水成河，完全瘫痪，交通中断达5小时。至少6处排水不畅，水深处近3米，被淹车辆不计其数，沿途商户损失惨重。(5月8日《南方都市报》)

“真的无法想象，一个人行过道竟像一个小水库。”确实想不到，广州这样一个先进大都市，也会因一场暴雨而狼狈。当地气象部门介绍，暴雨具有“三个历史罕见”的特点：一是雨量之多历史罕见；二是雨强之大历史罕见；三是范围之广历史罕见。

其实，暴雨罕见，却也常见，一不留神还会破纪录。以武汉为例，2009年6月30日，降雨量超过147毫米，历史同期排第3位；2007年6月1日，降雨量超过150毫米，为百年历史同期第2位；1998年7月21日，降水量达280多毫米，其中汉阳地区438毫米，为百年最强。广州这次平均降雨107.7毫米，市区为128.45毫米。

而暴雨即便罕见，因雨造成的水患却是寻常又寻常。就在7日，长沙市民还抱怨，入夏第一场雨就暴露出“必淹之地”的痼疾之痛。因雨造成的惨痛更是会猝然临之，2007年7月18日的济南大暴雨，对全国人民都是一场黑色记忆。3个小时降水量最大达153.1毫米，道路成河，整个城市濒临瘫痪状态，共致34人死亡，6人失踪，171人受伤。

济南市政公用事业局有关负责人认为，“再完善的下水道也无法承受如此强度的降雨”。但一位市政城建人员透露，排水系统确有滞后，一些主干道的管线口径基本为300毫米，即使应付普通暴雨，也应在500毫米以上。(2007年7月26日《南方周末》)

我们常以未雨绸缪来提醒准备工作的重要，却忘了这个词的本义。青岛当时也普降超过77毫米的暴雨，城区却很少积水，“最早的排水系统是由德国人铺设，有一百多年历史，这个系统起点较高，最初的设计即为雨污分流制”。不一样的排水系统，效果就是大不同。

这次广州水患，该市三防办介绍，主要是暴雨超出了排涝体系标准。但反过来也表明，标准是不是还可以高一点？要是强度更大的降雨，怎么办？在极端天气越来越频繁的今天，任何情况都并非不可能。

每一次灾害之后，都是必然的反思，但对他处的灾害，因无切身之痛，往往又难以成为共同财富。每一次暴雨，其实都是一次警钟，面对别处的灾害，各地都应以之为戒，做好防范工作。

(2010年5月9日《楚天都市报》)

评后语

一遇大雨成灾，就将原因归结于天气，说是多少年一遇，超过了现实的防灾能力，这是一种推卸责任的坏习惯，也比较常见。本文对这样的思维惯性提出了质疑，认为应反思防灾系统才对。因为暴雨罕见，却也常见，一不留神还会破纪录。

有网友就抱怨过，说是N年一遇，却是年年遇。其实，水文上“N年一遇”有个更科学的名称叫“重现期”，是指极值出现的概率，用来形容灾害的罕见程度，并非真的要隔多少年才能遇到。随着气候条件的改变，也许以前是难得一现的，如今会频繁出现，不能以多少年一遇来设防。

下雨“看海”，是国内一些城市的通病，现在再看这篇文章，所提出的问题仍有现实针对性。2018年6月8日，广州因暴雨天气，又是多条路段出现水浸现象，部分交通断流，广州、佛山均发生个别行人在水中触电身亡的悲剧，再次暴露了城市建设重物轻人的短板。城市建设，除了良好的排水系统，每一个细节均应体现对生命的敬畏与呵护，认真做好防患于未然的工作。

这种反思对其他灾害的防范都是一个理，遇有大旱时，说是多少年一遇的干旱，以致饮水都有困难，背后却有水利工程失修的影响；一场大雨淹了县城，雨大是一回事，河道被挤占、水流不畅又是一码事。少些“人祸”，也就能少些天灾。

□不能让灾害成为工程的检测员

1 月 4 日，合肥望江路一处 BRT 公交站亭发生顶板倒塌事故，造成 1 名市民被砸伤后医治无效去世。目前，该事故被认定为工程重大安全事故，相关设计未达标准，图纸修改后未经审查，承建方盲目施工，4 名责任人已被刑拘。(2 月 4 日《合肥日报》)

根据合肥市政府的通报，那场大雪中，望江路共有 16 处 BRT 公交站台顶板倒塌，共造成 28 人受伤，其中 1 人送医后救治无效死亡，2 人伤势较重。这些公交站亭使用时间才 1 年左右，有网友质疑其为“豆腐渣工程”，其断裂口整齐暗含偷工减料或材料强度不够。

如今真相大白后，证实了网友的眼睛果然是雪亮的，通报称事故的直接原因为连接公交站亭顶板与立柱的承托弓铸铝件强度不足，发生断裂，造成顶板倒塌；设计、招标、建设、监管等环节存在失职行为。公交站亭本是为市民候车遮风挡雨提供庇护的，却成了制造灾难的场所。说是“天灾”，实是人祸，这个悲剧实在太沉重。如果不是这场大雪，隐藏的问题可能不会被发现，或不会这么早的暴露出来，个中教训值得各方反思。

倒塌的公交站亭暴露的问题并非个例，诸如低价中标、赶工期、管理不到位等种种原因导致的工程质量隐患，在通过层层睁眼瞎的验收后，就成了悬在市民头上的利剑，平时看起来相安无事，一有风吹草动，就可能造成致命的损害。一些金玉其外、败絮其中的“豆腐渣工程”，往往在灾难中才现出原形，但后果已是无法挽回。

因为人命关天，覆水难收，这样的惨痛显然是社会不可承受之重，而避免这样的事故，也就绝不能让灾害天气成为工程质量的检查员，一有大雨、大雪、洪水、地质灾害之类，才能检验出哪些工程是合格的，是良心建筑，哪些又是偷工减料的“豆腐渣工程”。让灾害成为工程的检测员，是对工程监管流于形式的极大讽刺；让灾害来检验工程，说明平时的监管严重缺位。公共工程理应是可以拍着胸脯保证能经受各类灾害考验的，而绝不是让灾害来检验工程的可靠性。

公交站亭倒塌事故有多人得到处理，却不是句点。每一处公共工程，都需要好好排查安全隐患，更需要把好关口，而不是等事故发生后，让天灾来暴露人祸的隐痛。

（2018 年 2 月 5 日《楚天都市报》）

评后语

合肥望江路一处 BRT 公交站亭，因积雪发生顶板倒塌事故，被网友质疑为“豆腐渣工程”。调查结果证实了这一猜测，材料的强度不足，致使发生断裂，此天灾实是人祸。

类似这样的事并不少见，遇有工程垮塌，说是大风吹的，大水冲的，将事故原因归结于老天，一查都有工程质量问题。这类工程金玉其外，平时看不出问题，遇有灾害即现出原形，令灾害成了工程质量的检测员，这说明了监管的缺位与失职。

本文以公交站亭的顶板倒塌事故为例，认真解剖了这只人祸造成的“麻雀”，将其放到同类现象中加以审视，对其他工程当有普遍性的警示意义。

□“认识不足”要么上课，要么“下课”

山西天脊煤化工集团发生苯胺泄漏事故，5 天后才得以披露。长治市方面表示，主要是因为当地政府对污染事故严重性认识不足，因此向公众道歉。(中新网 1 月 7 日)

何为“认识不足”，当地解释，一是企业上报苯胺外泄量只有 1～1.5 吨，数量较小，因此以为只是一般性安全生产事故，二是没有想到一般性安全事故能酿成环保、环境污染大事故。迟报就是迟报，岂是一个“认识不足”就能将责任轻轻推掉的？要说“认识不足”，我看是对网络时代的透明性认识不足，对瞒不住的最终结果认识不足，对迟报瞒报的后果认识不足，对政府的责任认识不足。

不能不说，我们一些官员确实存在方方面面的认识不足，以致影响群众利益、无视群众诉求，损害政府形象的事不时发生，甚至酿成群体性事件。

比如，对转变工作作风、密切联系群众的形势认识不足。党的十八大明确要求，“始终保持党同人民群众的血肉联系”“坚持艰苦奋斗、勤俭节约，坚决克服形式主义、官僚主义”。此后，中央政治局审议通过了关于改进工作作风的八项规定，中央领导以身作则，率先垂范，阵阵新风扑面而来。群众热切期待各级干部见贤思齐，以此为镜，对照执行，有的干部居然还在大操大办子女婚礼，被爆出收受礼金与公车私用；也有某地副县长吐嘈，年底公务接待忙，一天陪洗 8 次温泉，人都快泡虚脱了。可见，对转作风对反腐败认识不足的干部还大有人在。

中央三令五申，要求以人为本、执政为民，切实维护人民群众的根本利益。可有的地方，对群众利益和群众诉求就是熟视无睹。强拆房屋、圈占耕地、损毁庄稼、挪用扶贫救灾款项、乱收费之类，种种侵犯群众利益的事闹得民怨沸腾。或是事先不征求群众意见，不经科学论证、民主决策，随意上项目、铺摊子，造成群众误解，有的还成了烂尾投资、半拉子工程，浪费国家资金。诸如此类，都是认识不足的恶果。或是对中央的要求认识不足，或是对方针政策认识不足，或是对群众利益认识不足，或是对事情的重要性认识不足，或是对工作方式方法认识不足，等等。只要是认识不足，必将造成工作上的盲目、简单与被动，埋下种种隐患。

认识不足的问题，归根到底还是学习不足，是对党的思想理论体系与各项政策学习不足、理解不足，造成自我净化、自我完善、自我革新、自我提高的能力不足；同时，由于制度约束的刚性不足，也会造成一些官员对规则的认识不足。认识不足会造成党的政策执行不足、落实不足，“认识不足”会造成“成事不足”，最终危害党和人民的事业。面对世情、国情、党情的新变化，谁“认识不足”，谁将被现实淘汰。因此，“认识不足”绝不是推卸责任的托词，如果干部自感“认识不足”，请赶紧上课，好好学习，加强认识，否则就可能因犯错而“下课”。

（2013 年 1 月 9 日《中国青年报》）

评后语

对事故瞒报漏报迟报，是一些地方掩盖责任的常见套路。这起苯胺泄漏事故迟报了 5 天，当地表示是对污染的严重性认识不足。这显然是在避重就轻，好吧，既然认识不足，那就请加深认识，好好学习相关政策与规定，别再打马虎眼了。

此文没有批驳推卸责任的荒唐，而是顺着对方的思维，以其人之道还治其人之身，借力使力，使这力道更大。

□为什么68%的毕业生就业率让人发笑

教育部发布消息称，截至7月1日统计，已有415万高校毕业生落实去向，与去年同期相比就业人数增加44万人；高校毕业生就业率达到68%，同比基本持平。(7月9日《中国青年报》)

消息一出，有网友发出了“哈哈哈”的笑声，对此生疑。按说，在国际金融危机带来的冲击下，今年包括毕业生在内的就业形势异常严峻，能取得同比就业人数增加44万人，就业率与去年持平的成绩，十分不易，当是鼓舞人心，令人对有关部门的努力肃然起敬才是。可为什么教育部一公布这个数字，网友就笑了？

不是说这个数据有假，只是又添一出统计数字与实际感觉不符的例证。就在《统计法》刚完成修订，要求各部门不得发布与统计局不一致的数据，向社会公布的政府统计资料应当客观、真实，以确保统计数据的公信力时，教育部就出了这么一个让人感觉不够“客观、真实”的数据，当然令人哑然。

谁都知道，受金融危机影响，今年的就业形势十分艰难。中国社科院一项调研报告显示，有40%的中小企业已经在此次金融危机中倒闭，40%的企业目前正在生死线上徘徊，只有20%的企业没有受到此次金融危机的影响(6月13日《华夏时报》)。这对毕业生就业的影响可想而知，虽然“与往年相比，今年出台的大学生就业政策文件之多、涉及方面之宽、措施力度之大、惠及学生范围之广都前所未有”，包括“选聘到村任职”“三支一扶”“西部计划”等，吸纳了大量毕业生。政府与社会的努力不容抹杀，但是不是有这么乐观的数字呢？也不知这个数据与国家统计局协商一致没有。

其实，网友怀疑的不是这个数字，而是数字的“统计方法”“统计过程”。没有公信力的不是结果，而是程序。不争的事实是，一些高校为了增强就业率，逼着学生拿推荐表随便找个单位盖个章以示“接收”，而不管是真就业还是假就业，再就是将考研考博、出国、办网店之类的都算作就业，还在就业率上相互“比拼”，先看邻校是多少，再来“调整”自己，只顾“争先恐后”，不顾真实与否。

教育专家、21 世纪教育研究院副院长熊丙奇在几天前的一个讲座上说：“我关注到，今年 3 月有些省份普通高校本科毕业生的签约率不到 8%、专科毕业生的签约率不足 9%，但现在公布的已达 60%。我觉得简直是飞速发展，比 70 码还快。”（7 月 5 日《南方都市报》）

比 70 码还快的就业数据能证明什么？或如网友所言，“不管什么形势，数字总能达标的”。联想到“确保 9 月 1 日实现高校毕业生初次就业率 70% 的目标任务”这一提法，就不难理解 68% 这个数据的苦衷。剩下的两个月，再增两个百分点又有何难？这个数据，难脱就业成绩的需要之嫌，难脱为实现目标打基础之嫌。

教育部有关负责人表示，就业形势依然十分严峻，还有部分毕业生尚未实现就业。这倒是大实话，客观地摆出困难，以实事求是的态度告诉真相与现实，更能得到理解，也更能激起社会各方的危机感、创造力，进一步加大力度来解决问题。若为了喜人的成绩而掩盖问题，反而不利于问题的解决，让人郁闷。

让统计数据真实可信，还要让统计的口径、程序透明可信，让汇成最终数据的每一滴水都清澈可见，经得起阳光的透视。

（2009 年 7 月 9 日人民网）

评后语

该文质疑的不是就业率数据，而是数据造假这一时弊。根据公开的报道，一些高校为了增强就业率，在就业的统计上玩花样，不管真就业、假就业，签个协议就能算数，这是一种典型的政绩思维与数字游戏。因为统计无真诚，数字也就没有真实感，没有公信力。因此，也就有理由质疑68%的就业率是否含有水分。

□领导不出席开会就没劲？

广东省日前召开高校毕业生就业工作会议。“这么重要的会议至少要有分管教育的副省长出席，结果没有一个省领导参加。”一些广东高校负责人事后对此议论道。(3 月23 日《中国青年报》)

就业问题是个大问题，在金融危机面前尤其如此。面对“前所未有的挑战”，在毕业生就业“关键冲刺时刻”，与会代表热切盼望领导来指点迷津，是情理之中的事。

但领导没来，就是对会议不重视？为什么会有这种感觉呢？

笔者以为，一些人感到失望的背后，固然有对就业形势的焦虑，但折射出来的似另有内容。

一是“会议没有不重要”的潜意识根深蒂固。长久以来，一些会议以有上级领导出席为荣，形式主义盛行，“讲话没有不重要的，人心没有不振奋的，领导没有不重视的”。社会对此早有诟病。

二是希冀领导能到场亲耳听到成绩与困难，并做出表态。有了领导的指示，回去对各方好交代，办起事来名正言顺。当然，领导能“现场办公”则更好。

于是，为争取领导出席，组织方总是设法强调会议的“重要性”。这次广东省领寻没来，广东教育厅一位副厅长马上自我批评：“让省领导对大学生就业问题判断乐观，责任在教育行政部门。”

领导没到场，本能的反思是“汇报不力”，没将形势的严峻性与会议的重要性说到位，以致领导发生“误判”。

诚然，盼望领导来开会，是想领导带来政策与方向，但这反过来说明，一些部门或许习惯于“等、靠、要”，工作缺乏主动性、创造性。

这位副厅长又说，“省领导对大学生就业形势严峻缺乏理性认识，而教育部门又拿不出科学的数据来说明”。

这才是说到了点子上。你拿不出科学的数据，提不出好的建议，领导如何科学决策？来了又如何作具体指示？

领导出席与否，并不是衡量重视与否的指标，那种等领导出席的开会思维本身需要改变。领导没来开会，一样能通过其他途径了解情况，协调全局。有了政策就出台，求真务实地干，比“以会议落实会议”好得多。

领导没来开会，对改变形式大于内容的会风或是一次倒逼：你没有具体措施的会议，为了讲话而开会，我来了作甚？

（2009 年 3 月 24 日《楚天都市报》）

评后语

以领导是否出席，以出席领导的级别来对应会议的规格，是一段时期颇为流行的潜规则。本文以广东省的一次高校毕业生就业工作会议，某校负责人会后所发的牢骚为切入点，解剖了这一潜规则的各种怪现象，对此加以质疑批驳。

此文也刚好印证了上文提到的就业形势并没有统计数据说的那么乐观。领导没出席，开会的人显得焦虑，也是因为就业问题需要领导重视，加以推动。

▯天价收费不应是摆渡的彼岸

近日，乘客小新（化名）在温州下飞机后，因与头等舱的同事共坐了专属的摆渡车，被收取398元的费用。小新不服发帖，“停机坪距航站楼只有300米，为何收这么多钱?”机场回应称，是按次收，又不是按距离收。

自有市场调节价以来，常见到似是而非的离谱收费，且多存在于服务领域，仅在机场方面，就有多例。如南京有机场一碗面125元，沈阳有机场一壶菊花茶350元，同样是温州机场，被曝光过一杯西瓜汁78元。你投诉吧，一句明码标价、愿打愿挨，让人奈何不得。

这次温州机场的天价摆渡费，物价部门已介入调查。有专家认为，机场对乘客乘坐摆渡车收费或没有相关依据。“这笔费用发生在摆渡车运营方与机场之间，与乘客没有关系。”

通常，乘客使用摆渡车是不收费的。我总以为，这是机场理应含有的服务。正如客人进了院子，引到房间就餐，难道还要收移步费?收摆渡费，跟园中园重复收门票有何区别?还不就是为了再拔次毛?

自古以来，“摆渡”就与天价无关。无论渡人上岸，还是渡人灵魂，“摆渡”都是善事一桩，收费是要合情合理的，政府更会提供免费的公共服务，本报就报道过“义渡艄公”三代人百年行善的事迹。

机场将停机坪与航站楼的接送称为“摆渡”，也是想让服务充满诗意与温情吧，既如此，摆渡的彼岸就不应是天价收费。

机场与车站的贵宾室、贵宾通道之类，本就是将公共资源用于创收，一向被人诟病，宰客还理直气壮，又让人如何心服？前不久，任正非在虹桥机场坐普通摆渡大巴，而不走贵宾通道，被网友认为是体现了尊重与平等，可见人心所向。要想不招惹是非，天价收费的摆渡，还是停运了吧！

（2016 年 5 月 13 日《楚天都市报》）

评后语

机场上的天价茶、天价牛奶，高铁上的天价盒饭，旅游景点的天价鱼、天价虾，高速公路上的天价拖车，各种天价收费总是层出不穷，你说它不合理，它又以市场调节为由强词夺理。

本文面对机场上的天价摆渡，从情理法上进行了批驳。市场也是有伦理的，收费要遵从公序良俗，不是说市场经济中就可以随意宰客，存在也不一定就合理。比如曾经在市场上出现过的人乳宴，无论收费多少，都是不能容忍的，因为这违背了道德。机场摆渡费也是如此，哪怕是平价，其存在本身就很荒唐，如公园中的园中园收费一样，为人所不齿。何况，有的天价收费明明是封闭性的垄断空间，与市场调节自主定价根本就扯不上关系。对此，自有法律来约束。

第二辑

独 察

新闻评论贵在独到，也难在独到。如果能在众声喧哗中，发出与众不同的声音，那就有了差异化的竞争优势。

独到的角度，要靠独到的眼光，从大家都熟知的新闻事件中，找到不一样的切入点，表达有别于常人的看法。

独到的发现，离不开求异思维，这也是一种逆向思维，即对司空见惯的事物或观点反过来思考的一种思维方式。当大家都朝着一个固定的思维方向思考问题时，而你却独自朝相反的方向思索，这样的思维方式就叫逆向思维。

逆向是与正向比较而言的，正向思维是指常规的、常识的、公认的或习惯的想法与做法。逆向思维则恰恰相反，是对传统、惯例、常识的审视，反其道而思之。它能够克服思维定式，破除由经验和习惯造成的僵化的认识模式。

对新闻评论来说，逆向思维就是沿着大多数人没有想到的思维方式去思考问题，摆脱大家都有可能想到的观点或表达方向。这种逆向并非是专门为了与人唱反调，而是凭着对生活的体察与对社会的认知，能确定自己所要表达的观点，能超出常人的视角，而且这个逆向的发现与思考，绝对是有道理的，是正确的价值判断与取向，能让人眼前一亮又为之信服。

比如，面对经常有几代人义务摆渡或背人过河的新闻，大家的惯性思维就是肯定这种坚守与传承，为义举所感动，新闻评论对此也通常是歌颂与赞美。却很少会有人去思考，为什么人家这样奉献了几代人，为什么不能修一道桥来解决问题，或是大家轮流来做这样的好事。总是让一个人或一家人来做，精神固然可嘉，其他人是不是也该接力一下，援手一下，社会力量是否可以顶替一下，给好人松绑？这样的思考是反向的，出其不意的，却是有道理的。如此思考，对社会是个提醒，因为大家都不会这样去想。有人提出来后，大家会豁然开朗，哦，是应该这样。

敢于如此“反其道而思之”，让思维向对立面的方向发展，从问题的相反面深入地进行探索，实际上就是以“出奇”去达到“制胜”。因此，逆向思维的结果常常会令人大吃一惊，喜出望外，别有所得。

其实，任何事物都具有多方面属性，由于受既有经验或思维习惯的影响，人们容易看到熟悉的一面，而对另一面却视而不见。逆向思维能克服这一障碍，往往是出人意料，给人以耳目一新的感觉。

逆向是为了独到，这离不开对新闻细节的独察，从新闻素材中发现那些有可能进行独到挖掘的蛛丝马迹。正如著名评论员曹林所指出的那样，“许多评论者写评论时，不喜欢看新闻细节，粗略看一下标题与导语，就匆忙做出了判断，选择了角度，根本就没有耐心去细读新闻”（曹林：《时评写作十讲》，复旦大学出版社 2011 年版）。不细读，自然就没有独到发现，角度就会大众化、平庸化，甚至出现偏差，误导他人。

郑州警方成功破获一起调包茅台酒的团伙盗窃案件，这是饭店服务员内部作案，15 名服务员，有 14 人涉嫌其中。这则新闻让我眼前一亮，不是惊愕于服务员的集体失守，而是好奇其中竟有一人没有参与。我认为，这名没有同流合污的才是弥足珍贵的正能量，多少窝案串案，一些人就是因为从众心理而陷入其中，而能顶住同伴压力或是外来的诱惑，做到独善其身，真的不易。于是，我写了《那个唯一没参与调包的服务员是谁》，为这样的坚守进行点赞。这就是从新闻细节中发现的独到之处，如此独察，方有独家。

□背人过河的义举也需社会接棒

重庆涪陵区白涛街道崇山村，陆忠余一家祖孙三代接力背路人过河，用自己厚实的脊背，筑起了一座跨越半个多世纪的爱心桥。（5 月 25 日《重庆日报》）

一条麻溪河，将白涛街道和焦石镇分隔开来。“要过河，找陆家！”是当地妇孺皆知的话。陆忠余只知道从爷爷那一辈起这就成了一种常态，助人为乐的家风，传承了一代又一代。半个多世纪以来，陆家祖孙三代那厚实的脊背，成了大家过河的“桥”。

这种代代相承的善举，确实很感人。类似的有，恩施州建始县三里乡大沙河渡口，艄公万其真家族三代人接力义渡，方便过无数村民和行旅；黄梅县柳林乡望江村村民吴国民，从 15 岁开始为来往大别山的路人送茶，至今 55 年不断，而吴家为路人送茶的传统，则已沿袭 151 年之久。

这样的家风，在民间随处可见，修桥补路，送茶供饭，是最普遍最自觉的慈善与公益行动。这种淳朴的家风，没有任何功利色彩，不为图名，也不怕闲话，只为做点力所能及的好事。“积善之家有余庆”，以助人为乐，以行善为念，是众多中国人的传统家训与行动指南。

祖孙三代接力背路人过河，以举手之劳，书写着民间纯朴醇厚的小善大爱。在感动之余，更应珍惜这样的好人，陆家以身为桥助大家，社会也当考虑减轻陆家的负担，诸如早就该修便民桥以代替背人过河。麻溪河水流并不急，河宽不过二三十米，修桥并不太难，陆家背人过河一背就是三代，可敬的背后，也有社会力量缺位的因素。如果及时修通便民桥，陆家也不用这么辛苦。欣慰的是，据报道，当地有座桥终于要建成了，陆家以后可以不用再背人过河了。

陆忠余说，不背人过河了，同样还会做其他好事。这真是一个古道热肠的好人，生活中总是不乏这样的好人，而大家往往习惯了一个好人的存在与付出。其实，越是让人感动的人，越不能让他付出太多。对他们，在致敬与尊重的同时，也不妨思考社会的责任，来为好人减负。

正如陆家那条河上的桥，来得也许晚了一些，但却是必须建成的。那些感动人心的佳话固然很温暖，也不可或缺，而众人拾柴的热量会更大，所以更需要见贤思齐，以聚合社会的力量来砥砺前行。

（2018 年 5 月 29 日《楚天都市报》）

评后语

陆家祖孙三代接力背路人过河，用自己厚实的脊背，筑起了一座跨越半个多世纪的爱心桥，其义举很可敬。我并没有顺着这样的思路去一味地正面肯定，而是反过来思考，为什么会有这种现象存在，为什么一背这么多年？这起好人好事的背后，总感觉有“不正常”的因素，那就是大家习惯了接受这份好心，而没有想过替代方案，比如修造便桥之类。如此逆向思考，并非否定背人义举的价值，也没有批评他人麻木不仁的意思，而是真心觉得，一些善举的背后，社会力量是缺位的，当为此感到惭愧。

如此表达观点，也许显得另类，却不是为了造噱头。大家若是静下心来一想，会认同我所说的，是有合理成分的。一个人长期做好事是高尚的，这没有错，但如果长期只能由某一个人来做好事，其他人没有动员起来，是可惜的。集众人之力，才能走得更远。

□别盯着喝尿，向组织自救的女士致以崇敬

3月2日，各网站都热传这样的一条新闻，马来西亚沉船获救女子喝了男士的3滴尿。

今年1月28日，一艘载有28名中国游客的快艇，在马来西亚哥打基纳巴卢市前往沙巴著名旅游景点环滩岛途中失去联系。一位江苏女子幸运获救回国后，向记者回忆了大马海上那煎熬的33小时。

她说，从上午10点多，到傍晚五六点，太阳下山了，大家始终没有等到救援。“我们一直在自救，特别是其中有一个9岁女孩的妈妈，一直鼓励大家。大家度过了无望无助的一夜，又相互鼓励着坚持到第二天。这时，麻烦来了，因为救生衣质量不好，经过海水长时间泡过后，有些救生衣破了，中午开始，因为脱水，又不断地呛到海水，有的人处于没有意识的状态，最后就慢慢死去。”

那位年轻的妈妈因为前一天一直组织大家自救，消耗了太多体力。第二天中午救生衣又坏了，她没有力气支撑下去。她9岁的女儿虽然一直很坚强，但也没能支撑到最后……

在大海里不能喝海水，最后就想到一个办法——喝身边男同志的尿来维持体力。媒体报道时，都以此入题。虽然这有助于传播，却有猎奇的成分，也偏离了主题。

3滴尿顶多大用？我想，这名女子讲这个情节，只是对困境中的努力求

生，对大家的抱团取暖，感慨良多。

其实，那个组织大家自救的年轻妈妈才可敬，她因此消耗了太多体力，没能坚持到最后，倒在获救前夕，一同遇难的还有她的孩子。她先生获救后，哭了半天。幸存者特地提到了这些，也是心存感激。

且缅怀这位热心妈妈的牺牲吧，她是可敬的人，她的镇定让大家懂得自救，她却因此透支体力。感谢她的舍己为人，帮大家延迟了生命的维持，灾难中需要这样的挺身而出。

众所周知，灾难中的人们容易隐入惊慌，迷失中又会造成新的伤害，导致不必要的损失。灾难中的临场自救非常重要，懂得自救知识，对于保存生命，及时逃生或等待救援，都是极其重要的一环。这位年轻的妈妈充当了救火队长的角色，临危不乱指挥大家自救，体现了可贵的素养与担当，避免了大家的慌乱，对稳定情绪、稳住局面，起了关键作用。媒体也不妨多借此传播灾难中的自救常识，这才是保存生命火种的宝典。

我想，即便这船人不幸全部遇难，那位女士的临场组织施救，也当令人起敬，虽然我们不知她的容貌，但她一定是很美。

很不幸，她自己没有坚持到获救，但她所做出的努力与奉献，无疑是宝贵的，为他人最终的获救，筑起了生命的屏障。我们对此不应忘怀，不应只聚焦那些生还者，这个组织自救的女子，才是灾难中的主角，且让我们致以崇高的敬意，与深切的悼念。

她的精神，将永远陪伴着生者前行。

（2017 年 3 月 3 日红网）

评后语

一条载有中国游客的快艇出事了，实是一次海难，幸好还有获救者。各网站在推送这条新闻时，都以女子喝男船员的尿求生为题，其实是庸俗化了一条感人的新闻，以性作为卖点博眼球，充满着猎奇的浅薄。

我细读新闻，发现了一位女子在海难中站出来组织自救的可贵。虽然那名女子最终不幸遇难，却为他人的获救，争取了时间与空间。我查找资料发现，海难中组织自救无比重要，可以避免落水后在乱扑腾与折腾中过早消耗了体力，而不能坚持到救援的到来。这名组织自救的女子很有公民素养，也懂得这方面的知识，她在危难中挺身而出，真的很可贵。虽然她自己没有生还，却让其他人有机会获救，这个沉没的身影，才是我们要铭记并致敬的人。放大这一点，传播了自救知识，又打捞了一位沉没的高贵灵魂。灾难中，需要这种人文关怀的情愫，而不是盯着花边。

这个角度，是我从新闻的事件叙述中发现的，从隐藏的细节中找到了这个闪光点，而其他新闻都没有将此作为重点突出。我能发现这角度，是因为没有跟着新闻的猎奇与低级趣味走，而是怀有一份对生命的敬畏与人性关怀，逆向寻找有价值的细节，这种纯朴的价值观，让我做出了超出他人的判断。

□那个唯一没参与调包的服务员是谁

9 月 5 日上午，郑州市公安局郑东分局召开新闻发布会称，8 月 30 日成功破获一起调包茅台酒的团伙盗窃案件，抓获嫌疑人 21 人，涉案金额 60 余万元。(9 月 6 日《郑州晚报》)

事情回到 8 月 5 日，一客人来到预订的郑州某饭店就餐，因之前发觉自带的茅台酒口感发生了变化，这回多了个心眼，在自带的酒瓶上做了些标记。吃饭时，客人再次发觉酒味不对，也找不到自己在茅台酒瓶子上做的标记，在包间翻找后，结果在备餐柜里发现一瓶有自己标记的酒。于是投诉。

老板感觉不对劲，暗中观察，发现服务员有调包客人真酒的嫌疑，警方由此成功破案。这是一起内外勾结的作案，案情就不细说了，目前发现，酒店 15 名服务员，有 14 人涉嫌其中。最初是个别人与外界“合作”，后来，其他知情者见利心动，纷纷下水。

这种窝案并不鲜见，一些官场的腐败案，都是这样的一挖一大串。因从众心理与法不责众的侥幸，导致在一些坏事中，大家如广场效应般一哄而上。社会道德常在集体沦陷中丧失，“电信诈骗之乡”“盗抢之乡”“假证之乡”“PS 敲诈之乡”都是如此。

我懒得谴责这种集体的失掉底线，说多了都是泪。我就很好奇，那 15 名服务员，唯一没参与调包的是谁，到底是何原因，让她或他，坚守了做人的原则，没有同流合污，而这才是我们社会所可贵的品质与操守，对这样的服务员，要大力赞赏才是。

保护这样一份善良的种子，是我们共同的责任。曾经，有个15岁开始即在深圳的“砍手党”团伙里做饭炒菜的小伙子，却一直拒绝同流合污。18岁开始，他便离开“砍手党”团伙，在工厂里兢兢业业打工。可他最终还是走上了犯罪的道路。他的事被报道后，人们为之唏嘘。

一个不想作恶的人，还是作恶了，为什么？因为做正事实在是不容易。穷且益坚，需要内心多么强大，才能抵挡外界的诱惑。

所以，在集体参与调包的作恶中，有一名服务员没有卷入其中，这是案件中最动人的亮色，比破案本身还令人激动。这给那些环境影响人的论调，给贫困滋生犯罪的论调，是另一种有力的回应。即，任何外因都只是外因，不是堕落的借口与理由，内在的修为才是决定因素，总还是有不为所动的意志坚定者。

这真是“酒精考验”的好服务员，她（他）是谁？我不认识你，也不知道你的姓名或是性别，但我谢谢你。

谢谢你为我们守住了做人的良知，守住了父母的嘱托，守住了一份纯善，也守住了文明的火种。

你将来，也会是一位母亲或是父亲，一定能培养出有道德的好孩子，我先谢谢你。

感谢你让我们看到了光亮，看到了希望，看到了温暖，看到了力量。

虽然你只是这家饭店中唯一没有参与调包的服务员，但你并不孤独。世上，有许多跟你一样的人，在坚守着做人的底线，包括良知、正义、善良。所以，你很陌生，又很熟悉，这世界上大多数人，我们周围的大多数人，都是你的影子，我们或都见过。

你没有舍身救人的壮举，没有以命相搏的激烈，但你就是，人间最美的天使。

让我们一起，为这唯一一名不参与的好服务员，点个赞。

（2016年9月8日红网）

评后语

这个独到的发现与上文类似。境由心生，外部世界是个体内心的投射。酒店15名服务员，有14人涉嫌参与假酒的调包中，多数人会从中看到坏，这么多服务员都集体失守底线，沦陷了，可悲啊！我则以反向思维，从中看到亮点，有一名没有同流合污的，这才是很珍贵的。多少窝案串案，不正是因为“和尚摸得，我也摸得”的从众心理，而自降人格，深陷其中。能不受同伴压力驱使，能不为外界利益所惑，坚守内心的原则与价值观，这种独善其身是多么的可贵。

我敏锐地发现并拎出这一点，放大这种难得的慎独，对引导人们如何不要以从众行为参与作恶，很有劝世的意义。发现这个亮点，就得有佛心佛眼，心怀善念，并有一双看到美好的眼睛才行。

买 44 套房领 80 万补贴是啥问题

近日，安徽六安市裕安区政府网站的一条公示信息引发热议，一名合肥人在同一小区购买了 44 套房子。按当地补贴政策，该房主共获得约 80 万元补贴。(12 月 21 日《江淮晨报》)

目前，该信息已被删除。裕安区房产局一名工作人员表示，该房主票据手续齐全，并未违规。针对此事相关部门已专门开会研究处理。

乍一看，这事的确不对劲，一个人买下 44 套房子，该多有钱啊！居然还能领 80 万元补贴，岂不是拿财政的钱救济富人！但了解事情的来龙去脉，就会发现怪事不怪。

根据当地购房补贴实施方案，在指定区域购指定面积之内的，一次性全额付款或按揭贷款，可申请购房补贴。如果买 44 套房的这位业主，一切符合上述规定，那么，申领补贴也就是按政策办事，并不为过。该政策出台后，当地曾在官网上发文称，“是消化‘库存房’的有力举措，既帮助了开发企业解困，又让群众得实惠”。既然如此，买 1 套与买 100 套的意义相同，并无善恶之分。如果觉得 44 套房子领补贴有些“过分”，在制定政策时就该有购房数量、购房资格上的限定，避免尴尬。

这类“去库存”的激励举措，在三、四线城市中较为常见。2014 年以来，已有超过 50 个城市发布了不同力度的购房补贴政策。由此看来，买 44 套房领 80 万元补贴并不稀奇，是相关政策的实施细则不够健全，才造成这样的突兀个例。

当然，再完美的政策也会有对策，尽量减少政府的有形之手对市场的影响，让市场来配置资源，才能减少政府部门为开发商背锅的尴尬。

（2016 年 12 月 26 日《楚天都市报》）

评后语

一名合肥人在同一小区购买了 44 套房子，按当地补贴政策，该房主可获得约 80 万元补贴。此事引起热议，认为能买下这么多房子的，是有钱的土豪，不该领补贴。我认真看罢新闻，觉得此事虽离谱，却谈不上是房主的错。

为了楼市云库存，多个地方出台了购房优惠政策，并没有限定谁能领谁不能领，如果是有钱人买面向困难群体的限价房，则有违规之嫌，而商品房并无购房身份的限制，也没有规定一个人不能买多套。此人一下子买了 44 套房，有钱任性，按套数领补贴，是照章行事，政府当按契约精神办事。当反思的，是当地政府的促销政策。这样切入角度，说的是公道话，也接近事情真相。

5 万元慰问奖是在给谁压惊

国庆期间，四川广元游客肖先生在青岛遭遇“天价虾”，余波至今未了。20 日，网名为“青岛滩”的青岛企业家来到广元，慰问奖励肖先生 5 万元现金，邀请再到青岛，重新感受“好客山东”。(10 月 21 日《成都商报》)

游客被宰伤了心，送点钱来压压惊?“天价虾”对青岛旅游造成的负面影响是毋庸置疑的，当地一直在努力挽回形象，几天前，还邀请肖先生出任旅游服务质量监督员，遭到拒绝。肖先生说，因为一直没感受到青岛方面的真诚道歉，他是不愿再去了，这个监督员当然没有意义。

也不知这 5 万元是不是青岛方面的“后续动作”，也许，“青岛滩”确系某个热爱青岛的旅游企业，不忍好客山东的品牌被毁，愿出资公关，修补与游客的关系。其实，需要压惊的不仅是游客，更是景区自己。因为宰客事件造成游客如惊弓之鸟，最终伤害的是景区自身。青岛方面或深谙这个道理，不然，不会在邀请肖先生任监督员未果后，又来了慰问大使。

肖先生这类游客的损失好补偿，难补偿的实是景区自身形象，所谓千金易散，人心难唤。山海关景区 5A 被摘牌，旅游局局长失声痛哭，“我是山海关的罪人，老局长的工作成果在我手上被败光了……”丽江古城景区被严重警告后，提出在 1 个月内重塑古城形象。局长的哭与丽江的紧急行动，说明宰客现象中，他们也是受惊啦，因为一旦没有了游客，哪来景区的收入，岂能安之若泰。

“青岛滩”不远千里送慰问金，看起来是给游客压惊，何尝又不是以此收买人心，给自己可能财路被断的后果压惊。唉，此事当不得真，聊胜于无，姑且笑纳吧。这些景区悔改的心诚不诚，灵不灵，咱就搬个凳子候着，拭目以待好了。

（2015 年 10 月 22 日红网）

评后语

青岛“天价虾”事件沸沸扬扬，有企业出面给受伤害的游客送来 5 万元钱，试图重塑好客山东的形象。与其说这钱是给游客压惊，不如说是给受影响的山东旅游业压惊，任何宰客事件，最终受损失的还是景区。

写作此文，我没有朝肯定企业献爱心的角度，而是反向指出，这是在自我安慰，以挽回山东的旅游形象。这个角度，实是一针见血。

□章丘铁锅遇冷就当一次淬火吧

在2018年2月，《舌尖上的中国》第三季播出以后，济南章丘铁锅一夜之间蹿红，当地制作铁锅的家庭小作坊遍地开花。但仅仅过去了4个月，章丘铁锅又“遇冷”，产品出现了滞销，跟风的小作坊也纷纷关门。(6月19日《北京青年报》)

章丘制锅回到原点，并不奇怪。章丘出铁匠，当地人以外出打铁为生的历史悠久，20多年前，各种铁艺制品曾红火过一时。家庭作坊式、工厂式生产，一度撑起了章丘经济，好手艺的师傅年薪都是10万元起步。但到2000年左右行情就不好了，利润压得低，愿意学打铁的人越来越少。《舌尖上的中国》第三季搅热了市场，搅热了铁匠的心，铁锅作坊又多了起来。出镜的王立芳老人和儿子王玉海所在的铁锅厂里，库存两千余口铁锅全部售空，线上线下上万张订单接踵而至；章丘相公镇的省级非遗传人铁匠牛祺圣，一周内接待了近千人次。面对热潮，手艺人们很冷静，觉得这股风吹得不正常，有的拒绝接受采访，有的说，就是一口锅，有啥好追的。

艺人们知道来得快也会去得快，心急吃不了热豆腐，趁热也打不了几口铁锅。章丘铁锅之前的寂静，原本就是市场洗礼后的结果，面对现代化工厂与先进工艺的竞争，传统手工作坊的产品，生存空间逼仄，无论品相、功效还是成本上，都没有优势可言。市场上轻便好用、不生锈、不粘锅的铁锅多得很，章丘铁锅的突然爆红，不过是满足了消费者对工匠精神的崇敬以及对热点的追逐。诸如“一千度高温锤炼，经受三万六千次锻打，直到锅如明镜”这类词汇让消费者对传统手工肃然起敬。当这种宣传淡去，消费者也会激动不再；当激情消退，消费行为回归理性，章丘铁锅也就会回到安静的原点。

本来无一物，何事惹尘埃，章丘铁锅回归原点不是坏事，在爆红之前的状态本就是门前冷落，工匠精神原本就是安安静静做好自己的事，不受外界冷热影响，红或不红，精益求精的手艺总在那里。大浪淘沙，当热闹散去，当喧嚣退场，当那些跟风挣快钱的作坊关门，剩下那些坚守的，正好可以趁市场的洗牌之后，认清现实，把遇冷当作淬火，静下心改进传统工艺，增强核心竞争力，以更好的服务来满足消费者的需求，在厚积薄发中将品牌擦亮。

（2018 年 6 月 20 日红网）

评后语

因为《舌尖上的中国》，济南章丘铁锅一夜之间蹿红，迎来众多哄抢的消费者，也助长了当地制锅的跟风者。很快，这股风潮平息，章丘铁锅又回归冷寂。有人怪那些跟风造锅的粗制滥造，影响了章丘铁锅形象，其实，章丘铁锅的大起大落，这“锅”，还真不是哪个小作坊生产者所能背的，实是多方原因合力造成的。

《舌尖上的中国》为了收视率，在铁锅的宣传上绘声绘色，起了造“神”作用，消费者的非理性行为又为铁锅的红火推波助澜，最后海水退潮，只剩下章丘铁锅孤立沙滩。而这一潮起潮落的过程中，始终不乏清醒者，当地的匠人是理智的，觉得这股风不正常，不接受采访。这股外来横加在章丘铁锅上的风，吹皱一池水，早散早好，对章丘铁锅只是一个发展中的小插曲，就当是一次历练。不经一事，不长一智，因此，遇冷相当于铁锅的淬火，只会变得更坚强。

这样的观点，保持了理性思考，对章丘铁锅也是一种鼓励。

□奖励英雄不妨多一些“量身定制”

18日14时25分左右，江西省南昌市一辆13路公交车起火，事故中纵火男子丧生，其他30名乘客安然无恙。该公交车的驾驶员邓红英因为提前疏散乘客，沉着应对，被所在公交集团奖励10万元，邓红英表示准备把钱捐出去。(7月25日《法制晚报》)

这起纵火事故能避免无辜乘客受害，司机邓红英功不可没。在闻到车内有刺激性异味后，她没有麻木不仁，听之任之，而是一再停车察看，成功排查出车内一名50岁左右的男子携带有不明危险品乘车。邓红英立即将车辆熄火并打开车门，及时疏散车上乘客。此后，该男子突然点燃携带的危险品，邓红英在疏散完最后两名乘客后自己才下车，并立即向车队报告，同时向110、119报警。

在接受采访时，邓红英说，这几天好不适应，只想平平淡淡上自己的班，真的希望没有经历过这件事。

这真是一位朴实无华的司机，正如她所说，开车这么多年，保障乘客安全已成一种职业本能，成功应对险情不过是平时工作严谨细致的一贯表现。英雄出于平常，壮举来自日积月累的素养，邓红英对工作高度负责的过硬作风、临危不惧的优秀品质、沉着冷静的良好心态，确实值得大力弘扬。

目前，南昌市总工会已授予邓红英“南昌市五一劳动奖章”荣誉称号，南昌公交运输集团授予她“功勋驾驶员”荣誉称号，还将其破格提拔为车队副队长。这些荣誉，邓红英当之无愧。人命关天，能及时挽救那么多乘客免遭厄运，怎么奖励都不为过。面对10万元奖励，她说这是一笔大数目，不会要，准备捐出去。这种高风亮节令人感佩，更显其精神的崇高。英雄人物的觉悟自是可敬，但他们的善良却让人心疼。经常看到一些模范人物，动不动将奖金捐出来，有的宁愿自己节衣缩食、过着艰苦的生活，也要帮助他人。这种境界很感人，闪烁着人性的光辉，大爱无疆，德高为范，但社会其实更应鼓励他们收下应得的奖励，让好人得到实实在在的好报，才是对美德的弘扬，也是对良知的抚慰。

邓红英表示要捐出10万元，这个表态让人眼热心暖，又不是滋味。如果模范人物将所得的奖励都捐出，也失去了奖励本身的含义与要达到的目的。对邓红英来说，或许这笔钱实在太大，拿着不安，那不妨以她能接受的方式，将奖励化于无形，比如上调工资档次，解决她的其他实际困难。

一些模范人物原本出自平凡，习惯了平静与低调，并不喜欢置身于光环之下。也许对模范人物的奖励，润物无声比大张旗鼓更好，和风细雨比大水漫灌更显效果。奖励英雄也不妨来点个性化的“量身定制”，跳脱那些众目睽睽之下发奖金发荣誉的套路，因人而异，以适当方式帮他们改善处境，让他们生活与工作都能顺心一些。如此，不枉奖励的美意，不负英雄的付出。

（2017年7月26日红网）

评后语

英雄拿到奖金，表示要捐出去，一般人的思维就是觉得英雄果然是英雄，觉悟高，有风格。而基于我的认识积累，英雄拿到奖金不敢用，要捐出去，实是迫不得已。这只因国人在荣誉面前，耻于言利的思想作怪，好像拿钱就不高尚了，捐出去可显示风格高。这样的事并非孤例，常有这样的报道。这其实不正常，对此要反思才是。

既然是奖给有功的人，获奖者拿到后又心里不安，将钱又捐出来，这个奖励也就失去了意义，没有起到帮助英雄的作用，这种方式是不是要改变？与其如此，不如来点切合实际的奖励。

所以，我提出奖励英雄不妨多一些“量身定制”，让英雄既受到应有的奖励，又没有思想负担。这个角度有新意，也有建设性与可行性。这个观点，是基于对人性的洞察，对现实的深刻体认，才能发出的独到见解。

□越纯洁的地方对乳房越尊重

日前，某公益组织微博转发一位在北京地铁哺乳的妈妈照片时批其为“裸露性器官”，还称这位妇女把地铁当成了村里的公交。此言论发出之后引发热议。昨日，涉事微博对此进行道歉，并宣布注销@北京往事网站 ID，暂停使用。(11 月 30 日《新京报》)

虽然该微博事后百般辩称，不是反对母乳喂养，只是提醒注意遮掩。但解释就是掩释，其言词的偏见与歧视不言而喻。地铁或公共场所哺乳成为话题，已经不是第一次了，我只能说，偷拍照片或上传发布者本身很可耻，除了想吸引眼球来炒作，又能安什么好心？谁人不是娘养大的，没被哺乳过？人家即便当众哺乳又关卿何事？你觉得碍眼，大可转过身去不看。一如妇女在外临产时，大家自发用衣物围起产房一样，呵护尊敬才是正道，还好意思拍什么照片发什么报道，装正人君子来指摘。人家哺乳出于母爱，你拍照炒作是何居心？古语云，非礼勿视，今人倡导肖像权隐私权，偷拍行为才是有伤风化不知羞耻，因为既不道德又违法，还装什么清纯去挥舞大棒说人家，世上最可恶的就是这种虚伪，以公义之名掩盖自己的私心与阴暗。

是的，农村妇女或许对哺乳行为要大方一些，作为乡下长大的我，可证实这一点。在农村，一些妇女哺乳是不怎么避嫌的，因为她们觉得天经地义，大家也没觉得有何不妥。天大地大娘亲为大，中国人的传统对母亲包括母系亲戚都是很敬重的，母系亲戚一向贵为上亲，请客要请三党，即包括祖母、母亲在内的三代以上母系亲戚，上亲没到是不能开席的，以示不忘根本，记得是谁所生。所以，生下孩子后的女人是很骄傲自豪的，当众哺乳也是这种成就感的体现。

儿时的我有次大冬天在屋外给冻晕了，我妈闻讯，从山上飞跑下来，一把解开衣服将我置于怀中，用她的乳房她的体温将我捂热，让我醒了过来。这就是母爱的伟大，如果要顾及所谓的羞耻，哪还有我的小命？我有一次干活让大黑蚁给咬了好几处，痛的不行，正在哺乳的邻家大嫂，挤下乳汁给我涂上患处。土法未必科学，但也是母爱的体现。

见乳房就想到性，想到不雅，纯粹是自己想多了，不要将个人的阴暗心理来揣度他人。联合国儿童基金会通过官微表示，“第一时间进行母乳喂养是每一位哺乳妈妈和宝宝的权利，包括在公共场所”。这道理其实用不上联合国来说，越是纯洁的地方，对乳房越尊敬。正如农村妇女哺乳无禁忌，不是她们不开化、不文明，恰恰是她们心无杂念。倒是外人的好奇与打扰，才将一方净土蒙羞，让传统习俗难以为继。

而城里一些场所，妇女与乳房成了商品，什么人乳宴、女体宴，各种展销会以露乳吸引人气，将乳房异化成“有伤风化”的代名词，这才是不文明。该谴责的当是这类行为，以乳房作看点卖点的，才是该穿好衣服的。11月13日，国家工商总局通报了新《广告法》实施以来查处情况，比基尼女子北京街头促销，被认定品位低俗，有违社会良好风尚，已进入行政处罚阶段，即是对以有色眼镜看乳房的当头棒喝。

当然，认为该穿好衣服的、还有偷拍上传他人隐私的不健康心理，别出来丢人现眼好了。至于正常的哺乳，尽管可视他人如无物好了，有关母爱，没什么文明不文明的。

（2015 年 12 月 1 日红网）

评后语

地铁哺乳受到非议，那些挥舞道德大棒，站在道德高地的人，其实很霸

道。哺乳是很神圣的事，在民间一些地方并不避讳，女人以此为自豪，不能以有色眼镜来看。我提出越纯洁的地方对乳房越尊重，即是驳斥那些没由头的非议，这同样是源于对人性，源于对母爱的认知。从生活中来，到生活中去，这样的观点就有生命力。

到2018年8月，又有这样一则新闻在网上走红，在美国得克萨斯州首府奥斯丁，一名妈妈在哺乳时，一名陌生男子见她裸露胸部，对她说，“能不能遮起来”。于是，妈妈就“照办”了……却是用布遮住了自己头部，继续喂哺母乳。妈妈此举受到网友力挺，因为哺浮并不可耻，以有色眼镜来看的，才是可耻。这位妈妈只遮面部，拒遮胸部，表示了对歧视行为的蔑视。这则新闻反过来印评了我的观点，哺乳神圣，他人当非礼勿视才是。

□待产孕妇跳楼身亡：保护产妇安全比分娩方式更重要

近日，陕西榆林市第一医院称，8 月 31 日，该院绥德院区妇产科二病区产妇马某坠楼身亡。目前官方已介入调查。(9 月 6 日《新京报》)

医院与家属各执一词：医院称家属多次拒绝剖宫产，家属表示要求医院剖宫产被拒。不管事出何因，这是一起令人扼腕的悲剧。目前不少人认为是没有及时进行剖宫产，以致产妇因疼痛难忍自杀，纷纷指责患者家属坚持顺产。客观而言，保护产妇安全比选择何种分娩方式更重要，因为无论顺产还是剖宫产，都存在诸多风险。剖宫产会面对羊水栓塞、出血、伤口感染等难题，剖宫产一是取决于患者的生理状况，二是孕妇的疼痛耐受力。选择剖宫产与否，并不是简单的判断题。

另外，中国剖宫产率远高于世卫推荐的 15% 的上限，给产妇和胎儿带来的并发症远高于自然分娩。控制剖宫产率，推广无痛分娩，鼓励自然分娩已是一项共识。无痛分娩虽然技术上已成熟多年，但人力物力成本较高，在我国的实际使用率较低。所以，简单指责哪一方不愿选择剖宫或无痛分娩，可能都片面。

不得不说，除去身体上的疼痛，产妇还常被情绪上的抑郁焦虑所困扰。据统计，产后抑郁症的比例高达 10% ~15% ，这往往被人忽视。坠楼产妇情绪如此失控，无论是选择顺产还是剖宫产，都需要心理关怀与抚慰，各方对此可能认识不足，缺乏及时有效的心理疏导与干预措施。

产妇坠楼的教训值得各方汲取，除了查明真相，厘清责任，需要做的，就是从中反思：如何让产妇根据具体情况选择科学的分娩方式？如何健全防范类似事件再次发生？

（2017 年 9 月 7 日《楚天都市报》）

评后语

陕西榆林市第一医院绥德院区，一名产妇因害怕生产的疼痛跳楼身亡，此事引起各方关注。有指责医院没有尽到责任，没有及时进行剖宫产的，也有指责患者家属坚持顺产，无视产妇痛苦与诉求，不顾产妇感受的。其实，无论顺产或剖宫产，都没有绝对的安全可言，从医学上讲，能够顺产的话，对胎儿与产妇还更有利些。我国的剖宫产率不是低了，而是高了，医院无论从利益驱使还是省事方面，更愿意选择剖宫产手术。

舆论不加思索的指责，实是不分青红皂白。本文在写作上，跳出了这种纷争，而是客观指出，无论哪种生产方式，对产妇的心理抚慰与人性关怀更加重要，即便是顺产，做好安抚也并非是不可能完成的任务。这为思考类似问题，指出了人文关怀的努力方向，而纠结于顺产还是剖宫产，没有实质上的意义。

□欠债还钱的背后不仅是诚信

77 岁的薛玉芳老人找到《辽沈晚报》寻亲栏目："我想登报找我外甥，我欠他 5000 美元，17 年了，我想还钱。"（7 月 25 日《辽沈晚报》）

老人说，她过去是普通工人，家里经济状况不太好。17 年前，女儿办出国务工需要一笔钱，当时她拿不出来，就向外甥求助。后来由于搬家，又没攒到钱，渐渐与外甥失去了联系。虽然彼此联系不上，但她从未想过这笔钱就此不还。老人说，随着年龄增大，越来越惦记还钱这事，早点把这钱还上，心里也就踏实了。

经常看到类似的新闻，为还一笔欠债，费尽几十年的时光也要找到对方。前不久有一则新闻，四川乐山的童玉光老人，58 年前于探亲返程途中向朋友借了 20 元路费，后来两人失去联系。童玉光断断续续寻找了半个多世纪，足迹遍布川内十几个市县及重庆等地，也未能将这笔钱还上。

为了 20 元钱，找了几十年，为此所花的路费"至少有四五万元"，有人说他是骗子，是疯子，还有人说他很傻。但老人说，欠的钱像一块石头压在心里，就想在有生之年，亲手把钱还给老朋友，握着他的手说声谢谢。

另据报道，沈阳有位老人，20 年前做生意欠下他人十几元钱，一直在想还钱——"还完钱，心里也就踏实了，要不总感觉有点事没做完"。

欠下十几元钱、20 元钱，即便不还，对方也不会计较。但欠债的人却于心不安，要想方设法还掉这笔钱，其诚信品质确实很感人。但欠债还钱，又不仅是为了良心道义。

人是感情动物，在需求的层次中，情感和归属的需要在生存需求之上。当一个人生计问题得不到解决时，显然无力也无暇去还钱。有钱之后想还欠债，其实正是满足自我的情感需求。一个人在社会生活中，总希望在友谊、情爱、关心等各方面与他人交流，希望得到他人的接纳和重视。老年人的这些需求尤其强烈，为了一笔欠债，花费几十年的时间寻找债主，与其说是还钱，不如说是找人，找到当年的那份友谊，这比还钱更让人快乐。包括有些当年受人之助，有钱后加倍报恩的，还的也不是物化的钱，而是寻找难以衡量的感情，以此温暖内心，寻找一份精神的寄托。

我们在生命中都会追寻过往的岁月，总有些人有些事难以忘怀，想重温最初的美好时光。为还钱苦觅债主，就是这种情感的由衷体现。可以说，这个还钱只是见面的由头与借口，重要的是想见上对方一面，重续友谊的航程。

反过来说，欠债不还不仅是失信，也是失去一位朋友失去一段感情。比钱更重要的，是人与人之间的信任与友谊，爱与被爱的时光。懂得欠债还钱，也是懂得人生的真谛，感情远比金钱更能让人感到踏实。

（2017 年 7 月 27 日红网）

评后语

欠债还钱的新闻很多，通常都被视作对诚信的维护，而众多还债新闻的背后，都有曲折的寻人故事，其实是感情在驱动。这让我打破了诚信的思维定式，换了个角度来看待，于是从人情义理中发现了那些微妙又隐秘的东西，即很多人为还钱一定要找到多少年没见的债主，与其说是守信用，不如说是一种念旧情的心理，是基于怀念与友谊。而这种情感诉求，比契约精神中的诚信更可贵。

事实是，许多不守信用的人，在赖账的同时，也是不想与对方联系了。生了断交的心，就是无情绝义的表现。从感情角度下笔，能触到大家心中柔软的地方，教人懂得珍惜感情，这样的点评也许更符合人性，也有了让人眼前一亮的地方。

□北大保安没有神话更励志

1995 年，初中毕业的北大西门保安张俊成，通过成人高考考上北大法律系专科，开启了北大保安考学的先河。求学者慕名而来，北大保安渐渐成为一支具有传奇色彩的“学霸队伍”。(6 月 1 日澎湃新闻)

到了 2013 年，有报道称“20 年间 500 余名北大保安考学深造”，实际只有近 400 人。直至 2016 年，才增加到 500 人，其中大部分是大专，少量本科，12 名研究生。

这其中有一位荆楚子弟甘相伟，他辞掉打工子弟学校的教师工作，到北大当起了保安。一年后，通过成人高考如愿考上北大中文系，将自己的经历写成《站着上北大》一书出版，并请时任北大校长周其凤写序。

北大保安声名鹊起，成了逆袭的代名词。22 岁的夏颖涛在去年 9 月来到北大，发现与想象中不同，真正称得上逆袭、从低学历靠自学考上大学的保安是“极少数”，有些人本来就是大专、本科毕业，出于升本、考研或其他原因，才来北大当保安。

换言之，北大保安并不像网上说得那么“神”。其实，这才是真实的人生。到北大当保安就能考上北大？原本没有这样的等号。北大保安的成才佳话，离不开保安的积极进取，也离不开校园的文化熏陶，以及校方提供的便利。比如，对于一些刻苦求学的保安，队里会尽量安排到适合学习的岗位。大学的校园环境，对怀有求学梦的青年，的确能激发人见贤思齐。

大家喜欢拿北大保安说事，无非是顶着北大光环有较高的传播率，可借此励志，激励他人奋发向上。实际上，北大保安成才与其他人成才并没有两样，即书山有路勤为径，能否圆大学梦，要靠自身努力，与在不在北大当保安关系不大。正如夏颖涛所看到的，保安就是保安，又不是保送，“首先你得先把工作做好，其余时间你才可以学习”。有人抱着学习目的过来，一来就失望了，工作没有他们想象中轻松；有人三分钟热度，志气满满地来了，买一堆初高中教材，待一段时间就走了。

北大保安逆袭没有神话才是真实的人生，所有令人羡慕的光环背后，都有着超出常人的努力与付出。去掉神话光环，北大保安群体的成才更接地气，更能成为积极向上的榜样，也更令其他求学者清醒。这世间没有捷径可走，大家都是普通人，要想取得成功都要靠非凡的努力，只要肯努力，无论在哪都能圆梦。

（2017 年 6 月 2 日《楚天都市报》）

评后语

北大保安的神话破灭，被指出考上北大的并没有那么多，而且，来当保安的本来就有很好的学习基础。这其实更贴近生活的真相，以前的北大保安现象其实是夸大了，标签化了。媒体动不动将某个事情拔高，营造炫目的光环，无异于自欺欺人，好像只要是来到北大当保安，就等于必然有出息。但编造出来的光环，就如漂亮的肥皂泡，经不起时间的检验。

北大保安升学的神话破灭了，我并没有去幸灾乐祸，去嘲笑这种尴尬，而是逆向思考，指出没有神话更正面。因为生活早已告诉我们，任何进步都离不开艰苦努力，如果神化了北大保安的符号，反倒消解了努力的意义。想成功还得靠努力，与在不在北大，当不当保安，没有关联性。这才是人生真谛，只有保持独立思考，才有这种独到的发现。

大学领导送通知书不妨换个玩法

近日，南京大学的校领导们主动当起了“邮差”，冒着高温奔赴江苏省的7个市、13所优秀生源中学，将录取通知书亲手送到414名新生手中。（7月26日澎湃新闻）

连续3年，江苏省高校招生录取工作一结束，南大的校领导就立刻前往各高中送录取通知书，几乎每年都赶上天气最热的时候。一个通知书的邮递费用是22块钱，校领导们跑一天的花费肯定不止这么多钱。但对学生而言，能从校长手上接到录取通知书，这个感觉与收快递是不一样的。

大学是一个人从学生阶段转向社会的跳板，大学期间所受到的教育、熏陶，深刻影响一个人的发展。中科院院士、南大常务副校长吕建在和新生们交流时，鼓励新生在大学完成“知到智，鱼到渔”的转变过程。这个升华的过程离不开大学领导、老师的言传身教，他们的治学方法、人生经验，对学生是宝贵的精神财富。不得不说，一些大学对学生的教育仅停留在授课上，老师与学生之间很少有课外的交流，至于院系领导、校领导，更难得一见，有的只是在毕业合影时才出现。大学领导亲自送通知书，就如中小学老师的家访一样，无疑拉近了与学生的距离，是个接地气的好举动，值得一试。

近年来，一些大学越来越注重展现亲和力，有的组织老师手写入学通知书，有的发动学长学姐给入学新生手写长信，还有对困难学生致以深情款款的鼓励，这些互动对温暖学生心灵、树立学校形象都有好处。

也要指出的是，一些举动带有校方为招生而营销的功利性，并非发自内心地放下身段。真正的“家访”是为走近学生内心，帮助学生成长。而能获得南京大学校领导亲送通知书礼遇的有个标准，即某所中学被南大录取的学生超过 20 人，今年达到要求的江苏省内的中学共有 13 所。这类似于商家为维系重点客户的关系，努力巩固已有的合作基础。

除了校领导亲自送录取通知书外，南京大学也积极和各所中学互动，大学教授去中学演讲，民乐团和交响乐团到中学表演，组织中学生来南大参观等。这些举措当然都有积极意义，能培养中学生对南大的感情，拉近南大与中学的距离。虽然声称“不再为了招生宣传，而是为了人才培养”，但其定向招揽生源的意味仍很强烈。一些三本院校、高职高专，在招生上也有类似手法，在中学蹲点打感情牌，以利于长期合作。

无论北大搞的中学校长实名推荐制，还是南大的校领导送通知书，都是一门“生意”，为了生源而向重点中学示好。如果南大能将这些举措换个玩法，不以录取人数来决定领导的行程，而是从中挑出有励志特点的学生，有困难需要帮助需要鼓励的学生，比如校领导亲自将通知书送到贫困生手中，送到首次有学生被录取的中学，不再盯着那些一流中学，而是将触角伸向普通中学，激励的意义就又不一样了。

（2017 年 7 月 28 日红网）

评后语

大学领导到中学送录取通知，以为是美事，但细看新闻，就如北大的中学校长推荐制度一样，给重点中学以推荐上北大的权利，其实是一门“生意”，是为了生源而向重点中学示好，玩的还是掐尖套路。

如果大学校长能将入学通知书送到那些普通中学，北大能将校长推荐权给寒门中学，那才是真正的励志与放低身段啊！对所谓的好事与佳话，也不妨反过来想一想其动机与初衷，这并非盲目质疑好事的性质，而是看问题不能只看表面，要看到实质上。

□家长晒成功资历与拼爹何干

近日，上海浦东某外国语小学一年级某班的几位家长，为了能竞选进入家委会，纷纷晒出“神履历”“神学历”的微信截图在朋友圈里霸屏了。网友热议，这是选家委会，还是选 CEO？名校家委会成“拼爹拼妈会”？（11 月 5 日《新闻晨报》）

一些网友对此冷嘲热讽，认为家长们是在炫自己的成就、名誉与地位，将好端端的家委会组织变成了名利场，弄得乌烟瘴气。校方已对外表态，将不看家长身份，维持公平竞争。我以为，对此不必过于敏感。

孩子的家长属于比较年轻的一代，掐指算来，当属于“80 后”到“90 后”之间，这一代人生长于改革开放与经济大发展的时期，有条件接受良好的教育，海归、博士之类的高学历较为常见。高学历让他们有资本有机会进入高大上的行业工作，过着优越的生活，这也是顺理成章的事。他们的人生经历比较高光耀眼，这实是学而优则达的必然，也是知识改变命运的写照，不妨看到励志意义，而不是眼红。

家委会是一个联络学校与家长的服务组织，是要有一定的奉献精神的，正因如此，一些家长的热情并不高。上海市教科院普教所曾发布一项调查报告显示，六成家长居然不知有家委会。在这种背景下，有家长愿意站出来竞选，是一种好事。这一代年轻人对参与社会公益的热情比较高，志愿者队伍中最常见的就是年轻人的身影，他们表达愿望直接热切，不像上一代人那么含蓄。既然是竞争上岗，当然要自我介绍一些傲人的资本，以获得信任。正如一位从事人力资源工作的网友说得好，这跟求职简历中突出个人优势的自我推介是一回事，不必简单地认为是炫耀资本。

多元化的社会是丰富多彩的，对一些热心的“显摆”，不妨多些宽容，对以个人努力获得的正当成功，对他们的高大上生活，不必都以炫富来鄙视。他们有资源且乐意拿出来共享，其他家长与孩子不妨以积极的心态乐观其成。如果有家长能提供免费活动的场地，接纳数十名孩子“轰趴”，可以带全班免费参观某博物馆、某动物园等，其他家长跟着沾光又何尝不可呢？不要动不动就想到对方是在“得瑟”，是在暴露低级趣味。在社会成员存在差异化的当下，无论对家长还是其他人，要有坦然接受落差的雅量。或者，将其当作一种激励也行，让自己努力奋斗，也能有个好的前途，这比消极情绪更有意义。

（2017 年 11 月 7 日《楚天都市报》，
原题《用积极眼光看家委会的晒资历》）

评后语

近年来，社会上常有拼爹的说法，看不惯一些家长为孩子所做的努力。这个名校的家委会选举，家长们晒简历，网友又认为是拼爹，这其实是一种仇富心理。我则从中看到积极的一面，他们晒出的简历厚实，是因为他们人生本就出彩，晒不晒都是如此。新一代的家长受过良好教育，用知识改变了命运，有着不错的工作，这乃家国之幸事也，不必眼红或戴有色眼镜来看。

我没有跟着舆论起哄批评，而是呼吁正确看待。这种理性的声音，是站在客观立场上说公道话。总说人家拼爹，可人家的爹也是一路打拼出来的啊。与其看不起他人拼爹，抱怨自己无爹可拼，不如自己努力，让自己的孩子有个好爹可以依靠，有个榜样可以学习。对所谓的“坏事”换个角度，逆向思考，能发现不一样的美好，多好。

□捉蝌蚪溺亡是我们共同的生存悲剧

4月9日下午，在杭州市内的一条人工景观河中，父亲带儿子观察蝌蚪的生活，因小孩不慎滑进河中，父亲为救儿子落水身亡。(4月10日《都市快报》)

这起悲剧被杭州人刷遍了朋友圈，引发众多家长的议论。据报道，父子俩为完成幼儿园布置的作业才下水：摸螺蛳抓蝌蚪。意外发生后，有家长责怪幼儿园的作业诱发了事故，也有认为景观河挖得太深。

悲剧令人痛心，一条人命突然没了，大家反思原因也正常，怎么想都不为过。一些老师布置的作业，不顾实际情形拍脑袋的现象确实存在，小孩根本没有能力完成，或是没有那个条件完成，由家长代劳的不在少数。这个周末，杭州西溪湿地就有不少家长在那捉蝌蚪，成为一道景观。这起意外刚好触动了家长由来已久的厌烦，于是借机吐槽。作业与落水的因果关系姑且不论，不过，在听不到蛙鸣的城市，要完成捉蝌蚪的任务，还真是个考验。

笔者这个年龄段的，小时候捉蝌蚪知了，乐趣触手可及，伴随着我们的童年记忆。以前这个季节，水田里到处是蝌蚪，一网一大兜，没有任何危险。如今，城里的菜地都变成了楼房，即便在一些乡村，也是稻田难觅，捉蝌蚪要下河，当然有了风险。网上有多例捉蝌蚪出事的报道，都发生在水深的地方。杭州这位家长，要到景观河捉蝌蚪，本身也是无奈。

在环境的变迁中，莫说蝌蚪，许多可爱的小物种都离我们越来越远，诸多情景已成追忆。拿大家熟悉的萤火虫来说，黄缘萤、雷氏萤、武汉萤、条背萤等由于水污染、农药喷洒及光污染等影响，已经濒临灭绝。20 世纪 90 年代以来到现在，蜜蜂的数量已减少了 10% 左右，中华蜜蜂种群数量大大减少。蜜蜂的作用不仅是酿蜜，还在于传粉，如果没有蜜蜂，毫无疑问，被子植物无法授粉，也将是生存危机，进而影响到人类本身。

亲近自然本不应有那么多的危险，人类活动的进逼让一些物种退避三舍，才是造成诸多生存隐患的根源。“萤火虫点亮夜的星光，弹一首小荷淡淡的香”，只是在歌曲中还能流淌，城里的月光已难以将乡愁照亮。家长捉蝌蚪身亡，怪到幼儿园的作业上，也解决不了下一次亲近自然的难题。任何一种生物，于人类都休戚相关，存在着唇亡齿寒的蝴蝶效应。水利部最近公开的 2016 年 1 月《地下水动态月报》显示，全国地下水普遍“水质较差”，超八成地下水遭污染威胁，这对生物，对人的生存，都是危机。保护好环境，留住绿水青山，就是保护好每一个人的安全，就不必因连捉蝌蚪还要冒险犯难。

（2016 年 4 月 12 日红网）

评后语

捉蝌蚪溺亡，大家会当意外事件来看，想着如何防止溺水事故。我以自身的生活经验，看到问题的症结，为什么要下河捉蝌蚪，为什么捉蝌蚪会死人，那是因为池塘少了，农药多了，蝌蚪不好找了，要到水深的小河中才能寻到。

这种反向思考，多问个为什么，就有了独到的角度。这起意外，不仅是安全问题，实是生态问题；不仅是个体安全问题，实是人类自身的命运问题。因为生物与人类唇亡齿寒，即便不发生溺水，也是人类的命运攸关。跳出溺水来谈溺水，就有了不一样的思想高度与深度。

山洪从来都不是突然暴发的

5月28日，广东江门台山市一景区，游客在漂流过程中遇山洪暴发，死亡8人，10人受伤。(5月29日《南方都市报》)

旅游途中发生这样的不幸，实是可惜。下雨天引发山洪，原本不罕见，但将人冲跑，则是谁都不愿见到的。山洪其实不会突然来袭，至少要下大雨，且持续下了一段时间的大雨，才可以积水成河。也就是说，有时间预判并避险。遗憾的是，现实中还经常发生这种意外，则不免令人深思。

2015年8月3日，西安小峪河村突发山洪，9名游客被洪水冲走，造成2人死亡，7人失踪。2013年7月29日，一支武汉户外探险队在神农架遇山洪暴发，一驴友被卷走。众多悲剧中，有的是游客缺乏常识，有的则与相关部门防范不力有关。

拿这次台山市的漂流事故来看，气象部门当天多次发布暴雨预报，提醒注意山洪灾害。虽是台风恶劣天气，游客漂流却照常进行，也是匪夷所思。漂流本是项危险活动，有“十个漂流六个伤”之说，雨大水猛时，更不可掉以轻心。因为峡谷一类的景区，洪水来时，集中倾泻，十分凶险，很是难挡。

天灾不可怕，怕的是缺乏敬天爱人之心。2012年6月27日晚，四川省宁南县矮子沟发生泥石流灾害，白鹤滩水电站前期工程施工人员及家属，共有14人遇难，26人失踪。此前10多个小时，有关方面已经发出预警，矮子沟沿岸村民全部撤离，无一人死亡。不幸遇难的，当然是没有接到撤离通知。事后发现，有人接到预警短信后，随手删除了。解释称，以为只是一条气象短信，防汛不是他的职责，所以没当回事。不管怎样，防灾意识薄弱是肯定的，那么多人命，却因此没了。

山洪从来不会突然暴发，灾难来临往往源于责任心坍塌。在当前的气象条件下，强降雨基本能提前预报，如何避灾，则检验负有安全生产之责的各方。夏季来临降水增多，希望少发生麻木不仁之下的雨灾。

（2016 年 5 月 30 日《楚天都市报》）

评后语

经常有山洪暴发造成伤亡的事故，与其反思对灾情的处置，不如在预防上下功夫。无论短时暴雨或是长时间的暴雨，都不是突发降下的，都会有一定的预兆，尤其是在气象部门反复预警的情况下，减灾防灾是有时间可以准备的，就不要冒险冒雨行事了。

我以此入题，是因为平时的新闻积累与素养：有许多灾难，因为有气象预警而避开，又因为忽视了气象预警而发生。两相对比，更能发人深思，也是防患重于救灾的思路体现。

□最美民居的波折并不奇怪

位于杭州市富阳区场口镇的东梓关村，是杭州首个“新杭派民居”示范项目，曾被网友称为“最美农村回迁房”，却饱经波折。村民们一度不买账，希望能建成欧式别墅，洋楼被认为是“气派”的标志。（3 月 28 日《中国新闻周刊》）

这个项目作为“浙江省重点历史文化古村落”保护工程的一部分，自 2014 年起，当地政府与知名设计公司合作，以政府代建的形式，对涉及老房回购、拆迁的村民进行回迁安置。自己不花钱，政府来建房，这样的好事还不满意？还真不容易，前后开了 20 多次会，大家的质疑五花八门：楼梯太窄，停车位不够、窗户不能打开……项目完成后，施工方感慨，这是失控中坚持的结果。

是村民思想觉悟不够吗？不是，这是保护传统与现代生活之间的冲突。政府想还原历史文化古村落，村民却向往新时期的生活方式，并不想让日子待在传统民居中打转。

类似的纠结并不少见，水乡乌镇曾经为装不装空调闹得沸沸扬扬，管理方认为太阳能热水器、室外空调机之类，与质朴的建筑风貌格格不入，居民们认为古镇保护不能以牺牲他们的生活质量为代价。“你们说那样很美，自己来住上一个礼拜试试?”后来，现代味的液化气、宽带网络等都放行了。乌镇保护的“总设计师”陈向宏认为：“你不能说，我一年偶尔来两次，让他们几十年都保持着一样的生活，最好还是刷马桶，河里淘米，摇扇子，然后你拍照。你觉得你把最原生态的生活摄入了。我觉得你不人道。”

这话真是说到位了，保护也好，发展旅游也好，还是要以人为本，尊重相关群众的切身利益。有的地方赶农民上楼，将农民集中连片定居，或者规定让农民种什么不种什么，往往引来反弹，就是因为没有切合实际，给农民的生产与生活造成不便。

无论按照城市的思路规划乡村，还是按照乡村的思路规划城市，都会事与愿违。一说记得住乡愁，就不让村民烧液化气，以能看到灶台和炊烟，或者一说建设新农村，就将老房子推掉建洋楼，这都是形式主义在作怪，有的干脆就是面子工程、形象工程。

杭州最美回迁房还是顺利完工了，这是一个双赢的结果，但故事并没有完。无论是何项目，主导者再好心，也不能以个人意志强加执行，尊重实际、顺应规律，才能将好事办好，传成佳话。

（2017 年 3 月 30 日《楚天都市报》）

评后语

帮农民建房，农民不满意，是不是农民不好伺候？我从另一个角度看问题：好心盖房子，须切合农民的需求实际才行，不能想当然。很多好心办坏事，都是长官意志与主观愿望的产物，并没有从实际出发，诸如赶农民上楼、强制农民种什么不种什么，说白了，也是畸形的政绩思维与形式主义在作怪。这样反向看新闻，就豁然开朗多了。

□违建的空中花园先别忙拆掉

假山、凉亭、水池、园林，这些人造景点将屋顶装扮得美不胜收。近日，一个建在杭州萧山一小区楼顶露台上的公园在网上走红，被称为“最牛后花园”。(10 月 31 日东方网)

从图片上看，这个空中花园确实漂亮，让人羡煞。与一些露台或屋顶上的垃圾遍布相比，如此生态露台堪为榜样，只可惜是私自建造的。这样的违建也让人想起北京的那处最牛屋顶别墅。北京人济山庄 B 座 26 层楼顶上，曾经冒出布满亭台楼阁的“楼上楼”，假山大树俱全，内设餐厅会所，显摆于世 6 年却没有人管。

屋顶之类的公共空间，也不是不能利用，但要合乎规范，不能任由个人随心所欲。实际上，一些城市都出台政策鼓励立体绿化。杭州曾发布方案，拟于 2016 ~ 2020 年对城区具有绿化条件的立交桥、公用设施构造物的立面全面进行绿化覆盖，5 年有望新增 30 万平方米的屋顶绿化面积。

城市空间有限，屋顶绿化、垂直绿化成了改善城市生态环境的重要途径。有数据显示，如果一个城市的屋顶绿化率达到 70% 以上，城市上空的二氧化碳含量将下降 80%，“热岛效应”将明显降低。杭州萧山的这处空中花园，本是符合城市绿化的大方向，如果是事先报批的合规行为，倒是美事一桩。业主也感到委屈，自掏资金数十万元，经绿化一番后，楼下酒店的油烟味都少了许多咧，却还不受待见。热衷绿化的，当是热爱生活之人，不过，将公共用地美化戓私家园林，他人进出不得，就是损人利己了，惹来议论又能怪谁。

这么好的花园，跟北京的那处违建别墅不一样，若不影响房屋安全，简单地拆掉有点浪费，倘能到相关部门补办个手续，再做些保护性的善后处理，还花园的公共属性，也算两全其美。毕竟，不侵占公共利益不影响他人，合乎程序才是正道，造福居民的空中花园才是接地气的，也是赏心悦目的。

（2015 年 11 月 1 日红网）

评后语

谈到违建，想到的就是拆除，就如对没收的物品，总是一烧了之。其实，这样处理太浪费了。如果空中花园不影响房屋安全，也是符合绿色生态建筑的理念啊，不妨补办个手续，发挥其绿化作用。你说拆，我说可以不必拆，这也是一种逆向思维，跳出问题来看问题，往往能看得更全面些。

▯窗口行业到底是谁的窗口

日前有媒体报道称，武汉市民方女士通过优步乘坐网约车时，遭遇了“高价”打车费，5 公里左右的距离，打车费却高达 117 元。

方女士从长航总医院叫车前往杨汉湖，优步工作人员表示，大概 5 公里的路程，就算加上溢价，也只应该 30 多元的样子。司机表示是按照导航走的，方女士发现车子曾一直在台北路附近打转转！

天价车的例子并不少见。北京市民温先生从单位打车回家，4 公里的路，被收了 1728.1 元的车费。司机表示“去了趟济南”。后初步判定为司机未能及时停止计费，订单持续了 400 多分钟，用车里程超过 500 公里。

一些司机喜欢玩些小聪明，或是增加路程，或是超时计费，为了多收个三五元。前不久，杭州西湖孤山路的出租车因拒载、宰客，被乘客称为“杀猪车”，引发当地媒体持续关注。大家痛感此劣行影响了杭州形象，共同寻求治理之道。

无论网约车还是出租车，都可视作城市的窗口行业，传统观念上也是这么认为：窗口行业代表城市的形象，一言一行须热情大方，文明有礼，不可轻忽。旅游景点、商业百货、车站码头、交通运输，这些单位确实承载着代表城市服务水平高下的功能，联结着你我他，也影响着你我他。每次出现天价车、天价鱼、天价虾之类，大家会惊呼损害了城市形象，管理部门也会重拳出击，以挽回城市声誉。

但也要指出的是，窗口行业其实是从业者自己的窗口。每一辆出租车、网约车，每一处景点，说它代表城市，实是抬爱与抬举，首先是在代表它自己。市场竞争的法则是优胜劣汰，服务态度的好坏、服务水平的参差，决定着自己能否被消费者认同，能否在竞争中获得青睐，以占有市场的一席之地。

所以，原本无须以城市形象的高度来给窗口行业讲擦亮窗口的道义，每个行业窗口实是服务者自己的窗口，得为自己的所作所为买单。无论网约车公司还是出租车公司，乃至其他窗口单位，有义务约束员工来珍惜自己的招牌，而不是让我们来为他们忧心破坏了谁的形象。如果总想着不按规则出牌，坑蒙拐骗，那就砸自己的饭碗去吧！

（2016 年 10 月 30 日《楚天都市报》）

评后语

大家总以为窗口行业的工作人员，代表一座城市的形象，平时的报道与评论也总是以这样的高度来要求他们。我以为是高看他们了，其实他们只代表他们个人或行业，因为不好好服务的话，砸的是自己的饭碗。我们就不必为他们瞎操心好了。如此跳脱常规思维，是不是也很有道理？

公益被恶搞说冤也不冤

为倡导文明排队，拍了一段小视频，模拟两名女子插队，被一黑人小伙用方言制止。谁知被人剪辑，在网上引起轩然大波。(5 月 23 日《楚天都市报》)

这段视频被加工后，名为“黑人小伙汉话口撕插队女”，相信不少人看过。视频原为武汉某高校两名女生和一名黑人留学生的创意，配有画外音，表明是情景演绎，意在劝大家自觉排队。被人掐头去尾后，搞成了似乎是真的，反而带来误会，令当事人与武汉的形象都受到一定影响。

先批评一下恶搞的行为，这在网络中较为常见。有的为追求点击率，故意断章取义吸引眼球；有的则不怀好意，移花接木，制造假象。这些假东西不知骗了多少人，危害不小。日前，某网络写手仅凭论坛中的帖子，就拼凑出《莆田人承包了 90% 的寺庙》一文，结果被刑拘。没有任何根据的文章，连自己都心虚。不是权威媒体发布的消息，可千万别轻信哦!

回到这段视频，乱剪辑的始作俑者当然不对，但制作者本身也有汲取教训的地方。视频被人利用，只因本身包含着不文明的因素，有“汉骂”在里面。前几年，某公司员工听闻一句“汉骂”后，在微博上大爆粗口，激发数千网友骂战。为引导舆论，本报还发起“汉敬与汉骂”讨论，希望以美言养口，以文明养心。这次“汉骂”出现在视频中，容易触动他人的敏感神经，引来网友攻击也并不奇怪。

年初，网上一段北京地铁上的“对骂”视频，因大搞地域歧视，让人反感。也是两位相声演员为出名，人为摆拍的，最后被迫出来道歉。此制止插队的视频，动机与性质是好的，但不该拿不文明用语来做宣传。公益视频，以传播正能量为初衷，当以正面表述为宜，以负面场景来倡导文明，本身就是险棋，有违初衷。即便它没被剪辑，也会让人不舒服，不是好的观看体验，被人黑了，说冤也不冤。

希望当事人不要气馁，别背包袱，以后拍出更好的公益视频，成为正面网红，即是对这次被黑的最好回应。

（2016 年 5 月 24 日《楚天都市报》）

评后语

公益视频被恶搞，大家都是指责盗用视频恶搞的人，我则看到问题的根源。所谓苍蝇不叮无缝的蛋，视频本身即有不文明的因素，并不是一个好的策划，被人钻了空，则要反省自身。这样反过来思考，更具有教育意义。

第三辑

慧眼

慧眼原是佛家用语，智慧之目，指能认识到过去和未来的眼力，今泛指敏锐的眼力，也指美丽的眼睛。“此诗人慧眼，善于取题处。”“能将慧眼看才子，慷慨悲歌慰寂寥。”

在此借慧眼这个词，并非用来自夸，而是指用一双有心的眼睛，去发现事物中的美好联系。通过发散思维，以归纳联想的方式，由此及彼，从一件事说到另一件事，从有共性的现象中找到规律性的东西，向大家展示美好的发现。

发散思维又称辐射思维、放射思维、扩散思维，是一种创造性与开放式的思维，以扩散状态的思维模式，展现开阔的思路与视野。跟求异思维类似，发散思维并不拘泥于常规的、固有的套路，可以是逆向发散，也可以是正向发散，还可以是横向的、多点的发散思考，通过综合归纳与举一反三，产生一个新的结论。

发散思维的特点，同样是打破常规后，能有别致新颖的发现，有出人意料的收获。比如，武汉科技大学汽车学院某男生在寝室阳台收衣服，却发现裤子里有个鸟窝。原来，这裤子挂在外面两周没管了。“男生都这样啊，做内务都是能拖则拖。”对此遭遇，同学们普遍表示理解。看到这则新闻，大家的第一反应，就是当作懒人的笑话看。这是常见的思维，大家一笑了之即完了，或者给年轻的大学生贴个标签，什么懒人囧事多之类，有人还会由此罗列一大堆男生的懒事，诸如衣服一个星期拿回家洗一次，臭袜子塞到床下熏死人之类。

这则新闻，我想到的是生活中其他类似现象，即人们的生活空间被鸟侵犯的事：阳台被鸟筑巢占据，成了它们的乐园；车子停在树下片刻，即是鸟粪遍布；人在街上行走，也有鸟在头上拉屎拉尿……这种苦恼，可以说是只增不少。我进而想到，这是幸福的烦恼，是生态环境日益改善的结果，鸟多了，才有这些现象。

这就是一种开放式的发散思维，由裤子里有鸟窝想到相关“鸟占人巢”的事，进而为生态文明建设欢呼，可谓脑洞大开，再找出相关数据来支撑论点。一件小事与趣闻，写出了有思想深度的正能量，说服力也很强，让同事们深感意外，也新鲜。

发散思维，顾名思义，重在发与散，思路既要放得开，又要能收得回来。如散文的形散神不散，看起来天马行空，由此及彼想得很远，却是为了引出一个独到的观点，是有中心思想与立意在牵引这些思维的。

一个事物与新闻事件，客观上往往存在多个信息点，有多个角度可以引申，所谓“一千个读者有一千个哈姆雷特”，见仁见智。新闻评论的发散思维，在于想到常人注意不到的角度，在横看成岭侧成峰的正反拓展中，找出一个新奇特的视角，让人眼前一亮。这个独到的视角当然是有逻辑依据的，不是信口开河。发散思维走得再远，也不能忘了是为什么而出发的，这个不忘初心，就是要记住评论的使命是讲道理，对受众进行启发引导，传播正确的价值观。追求观点的新奇不是为了猎奇，而是以创造性的思维，提供新见解新思想来有益于社会的运行。

□临危惦记父母闪耀英雄的人性光芒

“我要有事，替我照顾好我父母。”这是江苏徐州睢宁县“90后”民警张文章跳河救人前，执法记录仪录下的一句话。3月5日，徐州警方官方微信发布了这个视频，网友纷纷点赞，视频很快刷爆朋友圈，阅读数近3万，点赞2000次。（3月8日《中国青年报》）

当时，他一边脱去外衣，准备救人时，一边无意间跟同事交代了几句，其中就有“我要有事，替我照顾好我父母”。是他有些胆怯吗？有贪生怕死之念吗？我以为，这话无损救人民警作为英雄的正面形象。因为下河救人是充满风险的事。之前，这位民警多次下河救人，并因此遭遇生死考验，有次连抓住绳子的力气都没有，都已经绝望了。这次也正是大冷天，双手、膝盖以下都失去了知觉，另一名下水的辅警几天都在发烧。水火无情，下河救人与冲进火场一样，都可能有去无回，随时要有献出生命的准备。

如此，在面对危险之时，想起自己的父母，就是人之常情，恰恰体现了深藏于心的大孝与对亲人的牵挂。

无情未必真豪杰，怜子如何不丈夫。儿女情长，本是英雄本色，谁无父母，谁无子女。民警出警救危时，交代让同事替他照顾好父母，跟战士上战场前写好遗书、向家人道别是一个道理。唯以此明志，了无牵挂，没了后顾之忧，才能更加从容赴难。

英雄以大无畏的精神舍己救人、舍己为公，与心系亲人并不矛盾，正体现了一个血肉之躯的真性情，有对亲人的血浓于水的深情，方能推己及人，才有对他人的同生共死，才能幼吾幼以及人之幼、老吾老以及人之老，这是符合人性逻辑与舍生取义的高度挈合，也是必然的逻辑，英雄民警真不必为此不好意思。网友对此泪奔，受救女子也因此泪奔，正说明这话闪耀英雄的人性光芒，直抵人心，直击心灵最柔软的地方，激起他人的强烈共鸣，这才是英雄本色啊，大家对此是高度认同的啊！

大连广播电视台新闻中心记者卢建伟，在 2010 年 7 月 16 日的大连新港石油大火中，坚守火场 10 多个小时，拍摄了 7 盘录像带，真实记录了 540 多辆消防车、几千名消防官兵在大火中鏖战的场面。后来他在全国巡回讲演个人事迹时，特地提到当时在火灾现场，有消防战士得知他是记者后，要求录下他带着哭腔向父母告别的镜头。此情此景，令人震颤落泪。那种场面，你懂的，石油大火的危险，与战场无异。消防员的举动与救人民警的叮嘱是一样的，想起爹娘就情不自禁啊！面对危险，壮士可能一去不复返，难舍家中亲人，唯留片言只语，放下对亲人的至爱转作对他人的大爱。

无论这位消防员还是救人的民警，他们都是新时代的英雄。他们能舍身忘死，挺身而出，面对危险，绝不退缩，有着英雄的大无畏气概与崇高的奉献精神，但他们身上，也有着儿女情长的正常反应，这正是他们可爱可敬的一面。爱家人方能爱他人，有小爱方有对社会的大爱，也才能舍小爱为大爱，舍小家为大家。

其实，无论是过去的英雄人物还是当代的新时期英雄，都是一样的有血有肉，有着伟岸高大的形象，也有着细腻可敬的灵魂，只是有时候被放大了某一面而被忽略了另一面。英雄临危时可以什么都不想，顾不上许多，可以想到一些高尚伟大的壮举，也可以想到家中亲人，这都是正常的行为，无损英雄的大义凛然本色。

（2017 年 3 月 8 日中青在线）

评后语

一位民警在跳河救人前，向同伴交待，“我要有事，替我照顾好我父母”，视频传出后，看哭了网友。无情未必真豪杰，这种如同上战场先写好遗书一样的嘱咐，并非是胆小怕死，实是胸怀大爱，令人动容。

救人是高尚的，也是危险的，不测的因素与意外，让民警不得不有备无患。本文从多个方面，诠释了救人民警此举的微言大义，为英雄点赞，分析入情入理，有助于社会理解当事民警的内心波澜与献身精神，也从侧面道出了他们的不易：和平年代的英雄，寻常中的壮举同样可歌可泣。

□论文致谢偶像道出榜样的力量

浙江大学医学院的研二学生胡江华，在世界权威期刊数据库发表了一篇论文，特地感谢“在过去的10年里，林俊杰的歌曲给了我强大的精神支持”。这话逗乐了网友，一下子上了新浪热搜。(5月8日《钱江晚报》)

自称“一个勤勤恳恳的医学科研学术狗”，在一篇严肃的科研论文感谢一名歌手，确实有点意思。谁说科研是枯燥的，论文是理性的，生活是无趣的？眼前的苟且里，完全可以有诗与远方，有艺术与生动的调色板。

“我不能像周洋通过金牌表达对你的喜爱；也不能像王源通过歌曲表达对你的喜爱；只能通过人生第一篇SCI文章中的致谢部分，来表达你对我的影响。”论文发表后，胡江华还在微博发了这样一段话。

如此热烈真挚，这不是青春的张扬，实是人生向上的真谛。谁在年少时没有追过星，又没有膜拜敬仰过？那些艰苦求学的年代，真是因为有了一个个偶像的精神陪伴，我们才在迷茫中坚持了下来。只是胡江华勇于率性表达出来，多数人则是将那份精神力量深藏于心。

胡江华和林俊杰的缘分始于2005年。她偶然听到了《江南》这首歌，“歌很好听，歌手看着也是个阳光男孩”，她便立马被“圈粉”了。那些日子，边写作业边听歌也慢慢成了她的习惯，上大学后，“去过演唱会、歌友会，甚至还接过机”。以前只知他歌好听，后来触动于林俊杰的正能量：他那么优秀，还那么努力，我又怎能放弃？

“始于颜值，陷于才华，忠于人品”，这是众多追星族走过的共同道路。无论是追歌星影星，还是热爱一位作家诗人，还是崇拜英雄模范人物，哪怕偶像是一个历史人物或者虚构的艺术角色，反映的都是人生道路上的精神需求。我们需要一个正能量的精神坐标，来指引人生的前行。哪怕我们成年以后，也常感动于一些人一些事，这是因为其中包含的价值观，给了我们可以汲取的营养与精神力量。

正如林俊杰对粉丝的回复：“你在你的领域里加油，我在我的领域里加油，我们在音乐世界里遇见！”

无论以谁为偶像为榜样，都是以对方的努力为自己的人生动力，在精神世界里相通遇见。

2016 年，南京中医药大学一名学生在论文致谢中向女友求婚；华中师范大学一位学生在论文里感谢前女友让他发愤图强找到新的学术天地。虽然情感倾向不同，但说出的道理相同，人真的是要有一股精神，才能让自己有力量前行。

“偶像所传播的正能量推动着我们不断进步，会让我们走得更远，成为更好的人。”论文致谢偶像，道出了榜样的力量，我们既要看到新奇，也要看到励志的意义。从这种另类致谢中，我们也不妨找到自己的精神源泉，遇见更好的自己吧！

（2018 年 5 月 10 日红网）

评后语

浙大医学系的学生，在毕业论文中致谢心中的偶像歌星，这事比较新鲜。如今的孩子敢想敢爱，上一代人即便有此想法，也会压抑不表。我并没有孤立地看这起新鲜事，去给年轻人贴一个开放自由的标签，而是从中找到大家共有的价值观，即人生路上的精神需求。感谢歌星与崇拜科学家、模范人物是一个理，都是为了汲取他们身上的正能量，如此解释，就不奇怪于论文感谢偶像的另类了，几代人都能从中找到交集与共鸣。

这种发散思维，比拘泥于论文感谢偶像的就事论事要视野开阔，且兼具责任与情怀意识，也能产生一个好的社会效果。把一个偶见的事例，写出了具有公共价值观与公共情怀的广谱性，让大家从这年轻人身上，能观照自己内心，看到自己走过的路。虽然心中的榜样各一，寻找精神上的慰藉却是一样的，这并非幼稚，而是成长的需要。

▢“湖北亲人”蕴含震后重生的大爱

有这样一座城市，只要是湖北人，就可以免费乘坐三轮车。这就是汶川大地震的重灾区：雅安市所属的汉源县。(5 月 9 日《湖北日报》)

“湖北亲人，免费乘坐”，是汉源车窗上也是内心深处的一道永恒风景。汶川地震，举国守望相助。一方有难，八方支援，在接到对口援建汉源任务后，湖北开始了一场“举全省之力支援灾区”的行动，全省 15 个市援建汉源 23 个乡镇，创造了令人惊叹的“湖北速度”。汉源人看在眼里，暖在心上，“湖北亲人，免费乘坐”，自发出现在当地交通工具上。

汉源的重建是震区重建的一个缩影，全国共有包括湖北省在内的 19 个省市参与对口支援工作。大爱无疆，血脉相连，正是援建的力量，让灾区很快完成从重建到重生的涅槃。在祖国温暖的怀抱中，地震废墟上生长出人间奇迹。

当年地震后，本报记者是最早到达灾区的外地媒体，也最早发回灾后重建的报道。《余震还在持续，希望已经种下》，记录了灾难中化悲痛为力量的生产自救一幕，传递着生活的希望。10 年来，震区人民正是这样一路播种，一路收获，才有了今天的山河锦乡，家园安乐。

大地从来不会辜负每一个种下的希望，当年的各路援建，种下生活的希望，也种下感恩的苗子。汶川已确立 5 月 12 日为感恩日，“涌泉之恩、滴水相报”，是当地群众说得最多的话语。“湖北亲人”蕴含震后重生的援建大爱，道出的不仅是对湖北人，也是对全国人民的感恩，饱含着患难中的真情。

灾难砥砺精神，大爱凝聚力量。汶川地震10年来，有许多值得铭记的地方，无论举国驰援，还是万众一心，同一个目标都是为了让创伤平复，让来日可期。“湖北亲人，免费乘坐”，正是当年种下的善果。

欣慰于震区的重生，也不忘10年来种下希望的各方努力。愿生活多一份播种，多一份大爱，多一份美好。

（2018年5月10日《楚天都市报》）

评后语

汶川地震10周年，有各种纪念文章，如何写出特色？本文结合湖北对口援建的汉源县有恩必感的暖人画面，以及本报记者最早发回灾后重建报道，将二者联系起来，表达了一个独家的观点：灾后的生产自救是一种可贵的向上力量，唯有种下希望才能提振抵抗灾难的物质与精神储备。

为让宏大的主题对读者有贴近性与关联性，寻找一个较小的、让读者很容易理解的角度切入，是一种接近读者内心的捷径。本文以汉源感恩湖北亲人为切入口，就将汶川地震与湖北读者的距离拉近了，由近及远，再由远及近，这也是求新求变的方式。

□我们的春节为何总能快乐

据新华网1 月28 日报道，在牛年到来前，惯以“忧患”思维看待中国的西方媒体，再次发出悲观预测：中国人牛年不好过。“对于数百万中国农民工来说，这个新年很难快乐”“牛年不会给中国人带来繁荣”之类的论调见诸一些报纸的版面。

然而，国际金融危机并没有让我们过不好年，“西方媒体也注意到，或者更确切地说是惊讶于中国人在牛年春节所表现出的乐观”。在他们的疑虑中，我们又过了一个欢乐祥和的节日。这让他们大跌眼镜。

是什么让我们的春节总能快乐?

快乐来自积累的财富。30 年的改革开放，让国家有雄厚的财力应对危机，比如投资4 万亿元刺激经济，对汽车钢铁等产业的振兴计划。个人积蓄的财富也能安然开展“自救”。在笔者的家乡，许多农村朋友前几年务工挣了钱，如今便有在家盖房子、承包山林的打算。外面的世界有些无奈，正好可以安下心来建设家园。

快乐来自历练的成熟。经历过艰难的我们，“吃过了黄连，也不怕再多一点苦”，何况现时的不利因素并不是难以克服，成熟自信的我们，不会再为眼前的一点波折而坐立不安。“战术上重视，战略上藐视”，我们的文化素来就是豁达乐观的，“叫花子也有三天年”“年年难过年年过”，没啥大不了的，从来都是快乐过节，牛年焉有不乐之理?

快乐来自心中的期待。春节是除旧迎新的日子，祝福许愿是节日的主要内容。“东边遇宝”“西边遇财”，年复一年的憧憬，梦想推动我们前行，有新年就有机会，有愿景我们就有快乐。

快乐来自勤恳的实干。勤劳的我们，一向是脚踏实地，自己动手，丰衣足食。我们没有不切实际的幻想，一步一个脚印，自会“事事无成事事成”。有劳动就有收获，谁还在乎人家的疑虑？

更重要的是，这些年打拼中积累的经验，让各方足以自信。面对危机，一位殷实的朋友就向笔者坦言，哪怕从头再来，他也不担心，相信创业经历能帮他克隆成功。

的确，经济大潮的洗礼，让我们深知波谷与波峰是经济运行的常态，面对下行跌势，不用惊慌失措，因为我们看到的是见底后新一轮增长的希望。

“牛头连鼠尾，烦恼扫了尾；鼠尾接牛头，好运已开头。”中国人一向是讲究兆头的，春节我们都已快乐了，这一年能不快乐么！

（2009 年 2 月 2 日《楚天都市报》）

评后语

春节前，西方媒体认为中国人这个年不好过。春节后，西方媒体发现，中国人的这个年，过得很快乐。这是为什么？我梳理了几点，算作是对西方媒体偏见的回应。这几点不只是我的自我感觉，实有理有据的分析。

那时我刚投入评论工作，充满激情，思维也很活跃，没有什么条条框框，于天马行空中，想怎么表达就怎么表达。这种无拘无束，让我在这个选题上敢于下笔，大胆说出了个一二三。现在回过头来一看，这几点仍是有说服力的。无论经历什么样的国际环境，我们都能保持战略上的定力。这个定力，就来源于此文表达过的几个方面。保持这个定力，无论以后如何风云变幻，我们仍会乐观坚强以对。

▫鸟窝沾衣是绿满江城的幸福烦恼

日前，武汉科技大学汽车学院某男生在寝室阳台收衣服，却发现裤子里有个鸟窝。(据“看楚天”报道)

原来，这裤子挂在外面两周没管了。“男生都这样啊，做内务都是能拖则拖。”对此遭遇，同学们普遍表示理解。

看到这则新闻，大家的第一反应，或许当作懒人的笑话看。不过，即便不懒，物品被鸟类侵犯的事，也几乎是我们生活中的“新常态”了。阳台被鸟筑巢占据，成了它们的乐园；车子停在树下片刻，即是鸟粪遍布；人在街上行走，也有鸟在头上拉屎拉尿……这种苦恼，可以说是只增不少，但没有谁会因此与鸟过不去，常是认了，一笑置之。因为这是幸福的烦恼，表明生态环境日益改善，人与自然和谐相处。

这并非我张口说大话，人被鸟“欺负”，也是经过多年奋斗才争取到的结果，今天的百鸟争鸣、举头闻鹊喜的情景，来之不易。10 多年前，有读者反映某处行道树茂盛、鸟粪满地的烦心事，本报做的报道就叫《宁要鸟粪不要沙尘暴》，道出大多数人的心声与期望。那时树不多，巴不得多些鸟粪，如今已没人来投诉这样的事了，因为习惯成自然，而背后正是这座城市绿化发展的长足进步。

不久前发布的《2016 年武汉市绿化状况公报》显示，全市建成区绿地率达到 34. 18%，绿化覆盖率 39. 65%，生态化大武汉建设成绩斐然，绿满江城名副其实。本报刚有报道称，《诗经》里 152 种植物，在武汉能发现 130 种，这也是我们生活在宜居环境中的一个侧面写照。另有数据表明，截至 2016 年底，武汉市历年记录野生鸟类 365 种，与 2010 年相比新增 22 种。其中包括喜鹊在内的 91 种鸟有武汉“常住户口”，与我们天天见面。这体现了武汉市森林、湿地生态资源丰富，并造就出生物多样性丰富的特点，也是自然生态持续向好的反映。

衣服上面结鸟窝，就别怪人懒了，恰恰是园林绿化部门辛勤工作的结果。栽下梧桐树，引得凤凰来嘛。对这个鸟窝如何处置，同学们纷纷表示，心疼小鸟，希望当事人把裤子晾回去。我想，这也不是风凉话，爱鸟护鸟的意识，一直伴随着城市生态文明建设的进程，在不断提高呢。

嘤其鸣矣，求其友声，愿城市的明天更美好，我们都是大自然的好朋友。

（2017 年 4 月 11 日《楚天都市报》）

评后语

晾在外面的裤子里有个鸟窝，通常会认为是学生懒，没有及时收衣服的缘故。我却脑洞大开，看到了问题的另一面，这是树太多，鸟也多了所致，要不然，衣服放在外面被风吹破了，也不会有鸟儿结窝。这是生态变好的烦恼啊！思维经此一发散，再找出相关数据来支撑论点，一件小事与趣闻，就写出了有思想深度的正能量，说服力也很强。

这种独到新颖的视角，来源于日常积累，以及对时代精神的把握。平时看新闻，就知道武汉的绿化越来越好，观测到的鸟类一直在增加，居民阳台上有鸟窝、人行道上鸟粪恼人的事，也常有报道。至于裤子里有鸟窝，我的第一反应就是联想到以前这类报道。这是生态型宜居城市带来的“副产品”，我们不妨乐观其成，烦恼并幸福着。

奋进的中国人会捅破更多的窗户纸

这次终于不再只是猜测，这次的传言终于变成了现实。

北京时间 10 月 11 日，莫言喜获诺贝尔文学奖，终于捅破了中国作家在这个奖项的窗户纸。

这也是全体中国人的骄傲与自豪。虽然这几天微博上一直在热议这种可能，但也没多少人当真，以为不过又是一次八卦，一厢情愿而已。因为近年来，每到诺贝尔奖颁奖季节，这种想象与传言就没少过，久而久之，倒成了一项娱乐话题。

当消息真的传来，当夙愿成真时，一切却又显得那么自然平静，并不让人感到意外与突兀，也并没有做梦一样的惊喜。这不仅是这几天的铺垫让人有了心理准备，更是崛起的中国不断创造的伟业奇迹使然，GDP 跃居世界第二，载人航天，水下深潜，航母出海，先进战机……不断的梦想成真，一直在昭告这样的事实：当今的中国，一切奇迹都有可能。一个个的惊喜揭示着这样的魔幻与现实，你能想到的或想不到的种种传奇，在中国波澜壮阔的征途上，已如平常一首歌，并不出人意料，并不令人吃惊。

厚积薄发的中国不断书写壮丽画卷，自会捅破更多的窗户纸。就拿诺贝尔奖来说，一次次的只差一步，已预示这一天早晚会来，发明青蒿素的屠呦呦去年就是医学奖大热门。

评论家、文化学者张颐武认为，莫言获奖也是诺贝尔委员会的一个大战略，可以看出诺贝尔委员是从全球格局和视角下考虑看待这个事情的，可以视作诺贝尔委员会对中国崛起的肯定，是对中华文明、中国成就的肯定。

这并不是说诺贝尔奖存在势利的因素。诚如所言，中国崛起举世瞩目，中国的种种成就正获得越来越多的正视与积极评价。

这就是比诺贝尔奖更令人自豪欣喜的现实，中国的崛起势不可挡，奋进的中国人会取得越来越多的成功，众多的美好都将水到渠成，实至名归。

（2012 年 10 月 12 日《楚天都市报》）

评后语

莫言获奖，常见的是就事论事赞颂，我则将单个事件放到国家进步的大背景下，认为这层窗户纸早晚会被捅破，莫言只是一个符号，没有莫言，也会有张言李言来突破。

实际上，从莫言获奖到屠呦呦获奖，也确实是国家实力厚积薄发的反映。以这样的宏观眼光审视，思维更进了一步，立意的高度也不一样了。

平民奥运更能激起普通人奋进

北京时间6日早上7时，里约奥运正式拉开大幕！四年一度的奥运会是全人类的盛会，当奥运气息扑面而来，我们如何更好享受奥运？

这是奥运会第一次来到南美大陆，因一切从简，没有下大手笔去营造第一次的隆重礼遇，被外界称为“平民奥运会”。

有人说，经济兴，奥运兴，奥运会的命运与时代大势息息相关。本届奥运会虽没有大投入，但奥运会本来就是普通人的梦想舞台，其平民化的存在，并不影响凡人梦想的绽放。

奥运会诞生的时候，本是单纯的体育盛会，虽然后来被涂上过多的商业化符号与政治色彩，但表演的主角与观众仍是普通人，每届奥运会都不乏普通人上演灰姑娘的励志传奇。

本届奥运会上，就上演着一支“难民代表团”的感人故事。10名运动员分别来自南苏丹、叙利亚等战乱地区，每一位运动员都有一段坎坷的经历，他们为了金牌，也为了生存。

在北京奥运会上，前乌兹别克斯坦体操名将丘索维金娜，因患白血病的儿子需要医药费，不得不复出参赛。4年后在伦敦，她以37岁高龄再接再厉，创下6次参加奥运的纪录，谱写了伟大母爱的体育传奇。美国射击运动员马修·埃蒙斯，在北京奥运会上最后一环打出4.4环，痛失金牌，在伦敦再次失手。但他坦言自己不过是为了抗击癌症，并不在意其他。

这样的例子很多，正如伦敦奥组委主席塞巴斯蒂安·科说，奥运会是改变许多青年人人生轨迹和生活方式的唯一途径。运动员本是普通人，他们参加各项比赛，跟我们从事的各种行当一样，也是为了谋生，只是一份工作与职业。在为国争光的使命之外，他们的人生同样也有挑战和困难。退役后，他们或摆摊，或当搓澡工，我们也不必诧异，因为每一个人除去光环后，本就是芸芸众生中的一员。

当奥运会的金牌比拼淡化，运动员的凡人之歌会更接地气，更能让我们获得共鸣。平民化的奥运，或更能激发我们每一个人的拼搏与进取精神。因为运动员的各种励志人生，就是赋予我们力量的榜样。

（2016 年 8 月 7 日《楚天都市报》）

评后语

奥运会原本是体育盛会，由于受金牌战略的影响，一度与国家荣耀与民族自尊心联系在一起，举国为之心潮起伏。几年前，周洋获冬季奥运会金牌，在接受记者采访时，还有体育官员提醒她别忘了感谢国家。这金牌的分量与意义，实在太过沉甸甸了。当我们强大到可以淡化金牌时，观众可以心平气和地来看一场比赛与排名，就不妨回到竞技的本身，从中看到体育健儿作为一名凡人的向上努力。这是时代的可喜转身，也更贴近实际生活。

让金牌得主走下神坛，而不是只盯着他们一举成名的英雄壮举，符合大众的审美需求。他们是为国争光，也是努力改变自身的命运，审视这种努力，对观众更有借鉴意义。以此入题，也符合新闻的三贴近原则，因为大家都是凡人，奥运冠军并非高不可攀，不过他们在其领域一直很刻苦罢了。

漫漫绿道行走着生活巨变

刚宣布最长绿道在江夏铺就，武汉绿化又传佳讯：明年将落成8条骨干绿道。

环青龙山绿道长30余公里，环东湖以及墨水湖绿道不分伯仲，网上还有叫阵的：后官湖绿道有110公里长呢，不服来比。

这正如比较最大城中湖是东湖还是汤逊湖，又有什么打紧的咧，反正好肉都在咱大武汉的锅里，闷头享受就行。

绿道依山或傍水，各有所长，各得其便，皆市民之福也，就不必争老大吧！

闲话少叙，却说那江夏绿道，行之有年矣，前身是护林防火的通道，因年久失修，在重建时，江夏区忽生妙计，因地制宜改成了绿道，便于居民亲近自然。不砍树、不拆迁、不征地，还省下了不少经费，且点个赞。

绿道见证着山中苦行变健身的生活巨变。因为每一条山路在以前其实都是苦路，交通不便，肩挑背扛，崎岖难行。这江夏绿道，在护林员行走的年代，坑坑洼洼，哪有这么多诗意盎然，只能且行且珍重。

那时，我的亲人在柿子成熟季，每于生产队收工后，沿着幕埠山麓挑到咸宁去卖，当夜又赶回，往返以百多里计，个中之苦，全磨作脚掌鸡眼。

随着村村通公路，苦行走进历史，跋山涉水倒成了休闲旅游之乐。

时代发展了，许多苦差变成美差，苦地变成福地，诸如技工收入超过白领，邮差变身快递，跟这护林通道升格成健身绿道一样，见证我们生活的华丽转身。

刚有好消息发布，中国将投入6000亿元异地搬迁1000万人，以助贫困人口脱贫。可以想见，不少人又将挥别难走的山路或水路，步上一个幸福的征程。愿更多贫困地区跟鄂西一样，成为生态文化旅游乐土，走出传统生存方式的沉重，走上以绿色致富怡情的轻松新路。

绿道越多，生活越有奔头，也须有好身体才能走上一程。诸君请多健身哦，很多风景，等着你走过去瞧瞧。

（2015年12月18日《楚天都市报》）

评后语

一条绿道建成，多数人只会看到又多了一个健身去处，我却联想到此路以前是护林小路，行走着坎坷与不易，如今成了休闲去处，实是生活发生了变化。由此及彼，今夕对比，一条路就承载了时代进步的慨而慷。文章意深旨远，这是思维发散、视野开阔的结果，也是以点带面的写法，以某个具体事物，观照时代的宏大波澜。

□出租车载着大家共同的职业变迁

杭州出租车行业改革工作正式启动，拟自2015年1月1日起，停止收取经营权有偿使用金，每车每月将减少400多元“份子钱”，还将放开出租车总量和价格管控。(9月15日《京华时报》)

该项方案明晰出租车产权关系后，将有效减少出租车经营利益阶层，提高驾驶员收入，被认为打破了多年的利益藩篱；也被视作对专车逼近的回应，顺应了出租车行业日益窘迫的现实。这几年，围绕出租车行业改革的呼声一直居高不下，即便专车不来，出租车的行业地位也早已不比从前，司机收入一直是个问题。

二十世纪八九十年代，出租车行业可谓是高大上，那时油价低，大家收入也低，以出租车当时的起步价与里程价，算是收入丰厚，比较优势明显。开的士风光又体面，在武汉余家湖，形成了众多的士司机聚居的“的士村”。到了2000年以后，的士生意开始走下坡路，来自周边的“淘金者”渐渐代替了本地司机。

出租车行业是这个大变革时代众多行业的缩影，日新月异的沧桑巨变中，是不断的潮起潮落，不断有人被抛上风光的浪尖，又被抛下谷底，被搭上幸运的快车，又被抛离轨道。“粮食部门吃得饱，商业部门吃得好”，曾经旱涝保收风光无限的行业，都经历过光环快速消失的窘境，在一轮轮的洗牌中，宠儿弃儿的角色风水轮流转，传统与新兴也是不断更替。

不久前出炉的新版《职业大典》，一口气取消了 894 个职业，“话务员”“制版工”等已不复存在，同时也新增了快递员、网络信息安全管理员等 347 个职业。国务院还取消了 62 项职业资格认定，被取消的职业资格已达 211 项。许多领域正在发生着转变，全社会的职业结构也随之变化，这就是当今的现实，出租车则载着大家共同的职业变迁与失落之忧。

攻守易势，强弱易位，是每个行业要面临的职业前景问题。如何找到出路解决生存之困才是正道，不能市场变了，却麻木不仁。帮助从业者去弊兴利是管理部门的应有之责，每一个人也须做好应对技术转变的思想准备与技能储备，都要从容坦然面对可能发生的命运轮转，这样才不会陷入困顿之中难以自拔。

（2015 年 9 月 15 日《楚天都市报》）

评后语

出租车改革让利于司机，这是好事，常见的评论角度，就是讨论出租车公司的份子钱，以及向网约车看齐，为司机松绑的话题。我却从中看到职业的起落，出租车司机风光不再，视网约车为竞争对手，甚至阻挠网约车上路，这是时代变革中的共同宿命。因为每个行业都有可能经历兴衰之痛，靠垄断性的保护不是出路，唯有坦然面对，早做准备，才能顺应潮流。

顺着出租车行业的困境，想到其他行业也有过的困境，这就是由此及彼的发散，用发展的眼光看问题。以这个角度引导舆论，教人懂得面对现实，有助于抚慰人心。而讨论份子钱，只会让出租车司机纠结于自身的运行成本与收益，不能跳出困境来看问题，不利于这个行业的转型与变革，也就不能从根本上解决问题。

□看莎士比亚再想咱自家的名人

4 月 22 日，在英国斯特拉福小镇，世界级文豪莎士比亚的故乡，上演着汤显祖作品《牡丹亭》，以此共同纪念汤显祖和莎士比亚逝世 400 周年。(4 月 24 日《光明日报》)

明代戏曲家汤显祖被称为“东方的莎士比亚”，这两位戏剧大师，都通过作品讨论“因情而生，因情而死”，表达自己对人生的理解。但莎士比亚在中国的知名度，可能比汤显祖还要高。这对热衷争名人故里的国人来说，有些沉重。

前不久，传出皖晋鄂三地争“杏花村”原址，山西汾阳、安徽池州、湖北麻城，都有理由指认杏花村。前几年，湖北安陆与四川江油，也为李白故里之争闹过一阵子。愿意跳出来争名人，认祖归宗，继承衣钵，并不是坏事。就是汤显祖，因生于江西抚州，到浙江遂昌任过知县，也造成两个故里，两地都积极为他鼓与呼。

但争名人不仅仅是要争来一顶大帽子。看看莎士比亚故里，3 万人的小镇，每年的游客可达 50 万人。镇里还保持着几百年前的生活方式，每天上演着莎翁笔下的戏剧，大师的故居仍是旧模样，还原着他的一生。人家真正是以人为本，纪念一个人，弘扬一种文化，而国内的名人故里，只是重在“故里”，保留一栋房子，以物为本，而忽略了相关的资源开拓与文化推广。

所以，汤显祖的名头仍停留在课本以及相关典籍中，远没有莎士比亚那么普及化。地以名传，名以人传，一个文化名人的含金量远比一座房子重要。绍兴的文化古迹不少，其中，鲁迅故居与沈园近在咫尺，虽然沈园风景优美，也流传着陆游的爱情故事，但去看鲁迅的游客远比看这园子的多，文化巨匠的魅力显而易见。

不管谁的故里，与其争名分，不如埋头讲好名人故事，踏踏实实做好文化推广工作。一旦名声在外，游客纷至，事实已胜于雄辩，还用去争吗，尽管发文化产业的大财就是了。

（2016 年 4 月 26 日《楚天都市报》）

评后语

去莎士比亚的故乡演出《牡丹亭》，这是一桩美事，我检索资料后，却从中看到两地对名人资源开发的差距。国内习惯于抢占名人资源，却没有长久的保护规划，也不懂得用好这类资源，而同样是戏剧名人，英国的开发则有模有样。

看莎士比亚再想咱自家的名人，是一种对比式的思路发散与拓展，将一件正面的新闻，做出了冷思考文章。以事实数据为例，并非去泼冷水。如此，提出的问题才既有新意，又有深意。

□读懂男助产士对母婴的关爱

浙江中医药大学护理专业有张照片刷爆了朋友圈，因为系里有唯一的一个男助产生，在一群女同学的合影中显得另类，其强烈的反差和喜感让人过目难忘。(4 月 10 日《钱江晚报》)

一个大男生为什么选护理专业，而且还是助产方向？“系草”的出现，背后是一个悲伤而励志的故事。来自浙江舟山的娄聪裕，7 年前有段刻骨铭心的经历。初一那年，表姐怀了双胞胎，喜讯传遍亲朋好友。然而，其中一个女婴出生时体重只有 3 斤 2 两，最终在暖箱里夭折了。表姐用了几年的时间才走出这段阴影，娄聪裕至今记得她给孩子写的信：“宝贝，不管你在哪里，我永远是爱你的妈妈。”这让娄聪裕很伤感也很触动，决定将来要做医护人员守护小生命。

娄聪裕后来果然考上了浙江中医药大学护理学专业，如今，像他这样的妇产科男医生、男护理、男助产士已越来越多，也越来越得到外界的理解。因为男性医护人员有他们的优势，体力好，遇到紧急情况冷静果断，能较快做出反应，让患者更有温暖感和安全感。对待这个群体，除了不必有异样的眼光，更要从中读懂对母婴的关爱。

正如娄聪裕在医院见习中所看到的，女人生孩子如同要度过人生的一难，每个小生命的降临，对母婴都是生死考验。有胆小的女生在目睹分娩的痛苦与艰难后，当场吓昏了过去，有妈妈生完孩子连喝水的力气都没有了，让人深感做女人的不易。此情此景，让娄聪裕在心中暗暗发誓，以后一定要对老婆好，对孩子好。

可以说，妇产科是最好的生命课堂。在这里，男人可以对女人肃然起敬，对生命心生敬畏，找回良心与责任感。女本柔弱，为母则刚，也是从婴儿坠地那一刻就开始了。妇产科也是一个神圣的职业，见证着医护人员的爱心与献身精神。我国著名妇产科医生林巧稚，一生经由她手来到世界的小天使有 5 万多人，被尊称为东方圣母，但她却终身未婚未育，把全部生命嫁给了医院。投身医学，也是因为从小就失去母亲的伤痛，让她化悲痛为大爱，矢志救护世间千千万万的母亲。

医者仁心，医生是一门需要情怀的职业，中华“儿科鼻祖”、北宋名医钱乙一生有句名言：“幼者无横夭之苦，老者无哭子之悲。”一语道尽儿科医生也是妇产科医生的追求。所以，我们不妨从男助产生的追求中，读懂他对母婴的关爱，愿更多的医护人员加入母婴的呵护中，也愿更多的常人，多一些对医护人员的尊重，多一些对老婆孩子的关心。

（2018 年 4 月 10 日红网）

评后语

男助产是个新鲜职业，多数人对此是看稀奇，或是怪腔怪调。我通读新闻稿后，从这名医学生的报考动因中，看到了女性生产的不易。因为这名医学生表姐的不幸生产史，是女人都会面临的生死考验，能刺痛所有女人与男人的悲悯之心，产妇们需要男医生跟需要保护神一样重要。

这是从新闻的细节与情节中发现评论着眼点，从这个角度切入，再发散开去，引导社会正确看待男助产士，呼吁外界对妇产科的男性医护人员多一分理解，可谓善莫大焉。

□高铁串起双城生活延伸梦想

与大部分家住天津，去北京上班的“走读生”不同，住在北京的陈明辉，每天去120公里外的天津上班。因为高铁的开通，不少人选择了这样的迁徙式上班，奔波着他们的青春与梦想。(2月28日《中国青年报》)

前不久，一篇《女子每天上班花费225元，从河北赶到北京上班》的新闻刷爆朋友圈，越来越多这样的故事被媒体挖掘了出来。有去深圳上班，回东莞睡觉的；有住在杭州、南京、昆山，到上海上班的；有从河北涿州、廊坊，到北京上班的。早出晚归，数额不菲的路费，长距离往返的疲倦，年复一年的坚持，是这些过着“双城生活”人士的共同特点。

这基本上是属于年轻白领群体的选择，住在房价便宜的地方，到收入高的大城市工作。也有的在大城市有房，但为了夫妻团聚，宁愿舍近求远，以求能与另一半在一起。无论是从经济角度考虑，还是出于维系感情，“双城生活”都是自愿自主的选择，辛苦并快乐着，跨地域上班是他们在工作与家庭之间最好的平衡点。

这种长距离奔袭的上班，并不新鲜。以前为了解决工作与生活地点相隔较远的问题，一些单位都有专门的通勤车接送职工上下班，从这个城区到那个城区，或从城区到郊区。只是随着交通出行的便捷，这个距离被越拉越长了。曾经，在河北燕郊聚集着约30万跨省上班族，他们晚上住在燕郊，白天到北京上班，开通的多条公交专线，为他们往返两地创造了条件。这个庞大的群体一度被外界聚焦。如今，他们已失去了作为样本的意义，因为有比他们更远更特别的双城生活。坐公交车上班已不算什么，将高铁当成通勤车都是家常便饭。

据报道，越是一线大城市，跨地域上班的人越多，全国50城市上班距离及用时排行榜上，京津沪穗排在前面，这实是经济发展与社会进步的表现。因为城市群之间一体化的进程，日益快捷的交通，让居住与工作的地理跨度不断放大，人员的流动变得容易，为双城生活提供了可能。

没有比脚更远的路，每一个双城生活，都奔走着对生活的向往。没有哪段路程可以轻松抵达，无论上班的距离是远是近，且一起为了梦想，共同撸起袖子加油干！

（2017 年 3 月 1 日《楚天都市报》）

评后语

高铁上演的“双城记”，一段时间成了媒体热点，多以此作为年轻人打拼不易与高房价之痛的投射。我却从中看到交通的进步，正因为有了高铁的快速与便捷，才让双城生活成为可能，不再因地理的阻隔而两地分居，这其实是时代的恩赐。

任何事情都有两面性，思维不能跟着他人诉苦的节奏走。那些感叹双城生活不易的白领，关注的是自身命运；作为评论人，则是旁观者清，须置身于时代潮流与宏观视野来看这一趟趟的高铁，引导他们走出悲苦的情结。以此入题，不落俗套，也能让人看到生活的美好。

有人说，新闻是聚光灯，聚焦之处形成热点，吸引受众的目光都来关注，也无形中放大了某个问题。那么，评论就是远光灯吧，不是拘泥于眼前的现象，而是将镜头拉远，看得更全面些。

□超级月亮映照人类进步的美好

1 月 31 日晚，超级月亮、蓝月亮、月全食这三种天文现象集体出现在夜空，而且是 152 年一遇，给天文发烧友带来了一场星空盛宴。本报在头条号上的现场直播引起数十万人观看点赞。(2 月 1 日《楚天都市报》)

天涯共此时，千里共婵娟，每一次的天文奇观，是视觉盛宴，也是感情盛宴，见证着大家的共同喜悦与情感共鸣。同时，也打开一个仰望天空的窗口，从中看风景，更看人类自身在苍穹中的方位与命运轨迹。呈现在我们眼前的，不仅是一次月全食或日全食，而是背后的那些天文知识，以及浩瀚的太空所引发的科技探索兴趣。月亮为什么这么大、这么红、这么圆？又会带来什么？这些好奇会吸引大家去求解科学的真谛。

我们的先民很早就讲究天地人合一的自然和谐与相处之道，我国古代天文学从原始社会就开始萌芽了，设有专人从事“观象授时”。在仰韶文化时期，就记载了太阳黑子现象。天文学也是我国古代最发达的自然科学，创制了世界最早的历法，至今保留有世界上现存最古老的天文遗址——周公测景台。全球超级天文望远镜“中国天眼”在贵州建成后，成了热门的旅游景点，可见国人对天文探索的热情，自古到今一脉相承，力度不减。

科技兴则万事兴，天文对国家经济、文化发展的深远影响众所周知，我国的夏商周断代工程，就参考了历史上的日食记载。比如“懿王元年天再旦于郑”，“天再旦”即天亮了两次的意思，那一天是早上发生了日食；而《墨子·非攻下》说禹伐三苗时的天象有“日妖宵出”，包括其他典籍“日为夜出”的描述，则是傍晚发生了日食，据此，能倒推出当时事件发生的时间。

月食、日食，不仅是让人大饱眼福的天象，也是在激情飞扬中了解相关知识的一个窗口，这些天文奇观，映照着人类在好奇中渐渐长大的身影。爱迪生在观测日食后，开始了试制电灯泡的神话般构想；爱因斯坦的相对论，也是利用日全食期间的星光得到检测。

在古代，普通民众对天象不太了解，日食、月食发生时，会有一定的不安与恐慌，比如天狗吃月亮的传说。如今，日食、月食成了仰望星空的全民狂欢式机会，享受着一睹奇景的快乐与美好，手机与相机代替了以前赶天狗的敲打脸盆。这是时代进步的表现，也是人类的幸运，得以从愚昧进入科学昌明，从黑暗中的探索走向光明的前途。

月儿弯弯照九州，人间正是歌舞时。超级月亮的天幕中，闪耀着人类点亮光明的智慧。我们且敲响科学探索与不懈奋进的锣鼓，以上天赐予的智勇驱散前行途中的任何阴影，向着美好的明天进行。

（2018年2月2日《楚天都市报》）

评后语

近年来，看天文月亮成为全城共享的潮事，我却看到了科技对生活的改变，没有只停留于看月亮本身。这种发散思维，增加了文章的知识性与趣味性，也让人在看月亮时，看到自身的命运。

□海归变“海带”折射时代的进步

几十份简历石沉大海、留学一年月薪缩水7000元、海归对工作满意度不足40%……最近，关于海归变“海带”的新闻成为时下年轻人又一个集中吐槽的话题。(11 月14 日《中国青年报》)

曾几何时，“海归”是一个含金量很高的名词，充满学业有成、荣归故里的优越感。这乃物以稀为贵使然。那时，除了公派出国，个人自费留学还不多见，留学生不愿回国服务，还刺痛着公众的期盼与自尊。努力学习，报效祖国，也是留学生身上的天然使命。转眼几十年过去，随着国强民富，将孩子送出国门，跟考大学一样司空见惯。教育部数据显示，从 1978 年到2015 年底的37 年间，走出国门的留学生累计达404. 21 万人，累计回国人数达到221. 86 万人，尤其是近几年，毕业后回国发展比例为70% ~80% 。这一数字表明，海归群体可用庞大来形容，从亮眼的金字塔尖上回到比较普通的一员，当然得接受竞争者众多的现实。

仅仅在2009 年，留学生的回国率也只达到28% ，盼着他们学成归来振兴中华，仍是社会的普遍心愿。到今天，我们已不再纠结于他们的去留，不再焦虑于人才的流失，也不再将留学生是否回国与爱不爱国联系在一起，这本身就是时代的进步。从 1978 年只有 248 名留学生回归，到 2015 年多达40. 91 万人学成归来，能送得出去，又可吸引得回来，这是国家综合实力今非昔比的表现。

"海归"的光环退去，对留学生与他们的家庭来说，付出的经济代价不菲，就业上的优势不再，回报率不高，或有所失望。但要看到的是，教育从来就是一项高投资项目，其获益并不可用金钱来衡量。中国人自古讲究读万卷书，行万里路，留学可视作二者的有机结合，乃为增长知识与见识，而不是用来增加可炫的资历。所以，留学潮奔涌到今天，也须去除镀金的观念，就是换个地方读了几年书而已，重要的是丰富自己，而不是指望能一本万利或一鸣惊人。

当然希望每一个付出都有回报，也都能学以致用。当留学不再是少数人的幸运，无论是海归者本人，还是其家庭，都须以平常心面对，融入人才大军百舸争流的现实中来。

（2016 年 11 月 15 日《楚天都市报》）

评后语

海归变"海带"是近年的热门话题，经常有花费几十万元留学，找个工作月薪只有几千元的新闻，是知识贬值吗，是读书无用吗？在常人眼里，觉得读书的投入大，却见不到产出，怀疑读书的价值。但我从海外留学的发展历程中，告诉大家海归不再稀奇，不是失落，而是进步。

这个观点源于我对生活的理解与认知。在我父辈那一代，读个初中就能安排工作；我这一代，中专学校也一度很俏，成为中考生的优先选择；而到了现在招个保安都要本科生，这不是就业歧视，实是大家的知识水平都提高了。恢复高考40年，中国的高等教育已从精英化转向大众化，培养了以亿计的大学生，留学生数量也是今非昔比。

因此，不必抱怨读书无用，读书已是每个人的标配，是一生的修行与乐趣，与有用无用没关系啦。这个观点是有数据为证的，引导大家不能抱着老眼光看学历，换个角度看新闻，也能让人越看越敞亮。

第四辑

远 望

这是运用超前思维来表达预见性的观点，引导社会对某个问题加以重视，或做出趋势性的判断。这种预判，可以是对事物发展的有利面做出估计，也可以是对可能潜在的风险做出警示。

有人说，新闻好比是聚光灯，在聚焦之处形成热点，吸引受众的目光都来关注，也无形中放大了某个问题。那么，评论就不妨是远光灯，不拘泥于眼前的现象，而是将镜头拉远，看得更全面些。既然是远光灯，就可以多一些超前思维。

超前思维又称提前预计的思维方法，是对将要到来的认识对象早做预计或提前反应的一种思维方法。新闻工作有社会守望之责，这种守望既要观察眼前，又要洞察未来。日本上智大学武市英雄教授说，对那些数年以后可能成为大问题的潜在性题目，尽早接近，同受众共同思考，这种预见性姿态对记者来说是不可缺少的。（赵振宇：《新闻评论研究引论》，中国人民大学出版社 2011 年版）

笔者是较早关注雾霾灾害的，当雾霾多次在北京出现，造成的“大雾”天气日益严重时，就认真查阅了科学界关于雾与霾的认定，以及他们对雾霾现象的认识，意识到雾霾形成原因复杂，与空气污染脱不了干系，不会是短时能解决的问题，须高度重视才行。于是，我接连发出呼吁，《空气质量数据该看谁的脸色》《请读懂“黄昏天”的烟火味》《“抗雾救灾”该提上议程了》《最怕霾成了一种天气过程》等文章中系列观点的提出，都比他人要早。那时，雾霾还没有形成大范围的危害，只是在北方不时来个几天而已。事实证明，我的预见是准确的，在文章发表后的几年，雾霾灾害愈演愈烈，抗霾工作也受到各方的高度重视，治理空气污染已成全局性的工作。这就是“对数年以后可能成为大问题的潜在性题目”，提早接近，引起受众来共同思考。

这种超前不是凭空想象出来的，是多角度、全方位地分析事物的历史和现状，找出其发展规律与趋势后，获得常人所未注意的信息，从而提前做出比较准确的判断。超前来源于对现实的深刻认知，正如从风信中闻到海潮到来的味道与气息，能提前做出预报。

超前思维既是人们主动认识世界的重要途径，也是帮助人们趋利避害、防患于未然、成功改造世界的重要手段。超前是一种目光的犀利，这种犀利源于对现实的深入了解以及相关知识的深厚积累。美国新闻记者、未来学家奈斯比特说，预测未来的最好方法就是了解现在，只有立足现实，才能着眼将来。因此，超前不是好高骛远，而是脚踏实地，是根据已知或可能出现的信息进行预测性的报道和评论。（赵振宇：《新闻评论研究引论》，中国人民大学出版社2011年版）

人类有关注自身命运的本能，超前思维带来的预测性观点总是比较吸引人，对可能或必然发生的事实，通过超前思维的梳理来告诉大家，也是一种角度的独到，因为这是传播新知，而不是重复旧闻。

超前思维的重大作用就在于能使人们通过前瞻性思考，帮助人们规划和调整思路，从而实施正确的决策，获得良好的发展方向。就客观而言，超前性预测不一定都准确，但由于其本身具有一定的理论和现实依据，因此在很大程度上都是必要而又可行的。评论的超前性观点，就在于通过表达预见性的意见，给公共部门或个体对未来的决策提供依据，引导社会向好发展。

□当高考成为经历，奋斗仍是通行证

一年一度的高考又来了。据教育部发布的数据，2018 年全国高考报名考生人数达到 975 万人，考生大多是 2000 年出生，对“00 后”这一代来说，高考已只是一种经历，不再有那么多的负重感。(6 月 7 日中国新闻网)

在传统观念中，高考与“独木桥”“一考定终身”“人生大考”等联系在一起，随着时代的发展、求学道路的多元，这些在“00 后”眼中已不是主流。有人说，对他们这一代而言，困难的不是没有选择，而是如何选择的问题，因为成才的途径有许多，出国求学、选择艺考、自主招生考试，等等，他们要面对的关口与父辈显然不同，包括在专业与人生意愿方面的选择，都会让人挑花了眼。

相较于父辈的艰辛、途择余地不多的痛苦，“00 后”这一代可谓是幸福的一代，也是幸运的一代。当然，这种面对高考的轻松感也只是相对的，高考仍是通向未来的重要道路，只是对“00 后”而言，脚下的路毕竟多了些。一项调查显示，半数左右受访的“00 后”考生认为参加高考是为了增长经历，而非改变命运的大考。对于读书的“所学”和以后就业的“所用”，“00 后”也有着不同的观念。家长更看重就业前景，“00 后”考生则更侧重于地域、知名度和有自己喜欢的专业等方面。

一代人有一代人的际遇，一代人有一代人的追求，“00 后”这一代在机会公平与机会选择上，比上一代人更好，当然是令人欣慰的事，也是社会不断前行的结果与努力追求的目标。正如教育专家分析，相比于人与人之间的代际差异，教育体制的改革更应该被看作这些变化背后的原因。随着中国的教育系统越来越四通八达，给了学生更多的选择机会，使得高考不再是“独木桥”，也对他们的观念产生了影响。

无论有多少选择，无论这选择是难是易，每一种选择之前与选择之后，奋斗都是唯一的通行证。北京人大附中李永乐老师从概率模型和统计学揭示：上清华的概率远远高于买彩票中奖的概率。考上清北的概率有多大？清华北大每年大概在全国招3000人，以900多万的考生计……最后大概是3/10000；买彩票中头奖的概率是：1/17720000；考上清华的概率是中500万概率的5000倍！这个概率说明，努力奋斗比撞大运靠谱，考清华哪怕再难，只要认准目标，梦想成真的机会也是看得见摸得着的。

对“00后”这一代来说，能够有众多的选择，也是基于父辈的努力打拼与几代人所积累下的资本。正是一代代人的不懈努力、克难前行，在各个领域的合力打拼、锐意进取，有了国家的繁荣富强，我们的生活变得殷实起来，才有了现在的“00后”选择的底蕴与底气。而且，上一代人仍在砥砺奋进，从顶层设计到实践行动，无不是为下一代创造多姿多彩的空间，为下一代的美好明天而努力加油。所以，对“00后”而言，选择可以有很多，高考即便如轻舟已过万重山，奋斗仍是人生的通行证。

今年高考的作文题，全国卷I“写给未来2035年的那个他”，正好也道出了“00后”这一代人所肩负的使命。与新世纪的中国一路同行、成长，和中国的新时代一起追梦、圆梦，这一代人的机遇和机缘，依然如父辈那样，用努力奋斗来谱写时代的华章，用一路打拼来拥抱2035年基本实现社会主义现代化的宏伟目标。

无论经历什么样的高考，面临什么样的选择，无论高考后的结果如何，奋斗永远是青春不变的誓言与风姿，是步向人生长途的通行证，是创造美好生活的真谛。无论“00后”这一代还是其他的世代，都是一样的前途光荣，使命重大，以梦为马，与奋斗相伴，自有灿烂的明天！

（2018年6月8日《楚天都市报》）

评后语

2018年高考，“00后”考生首次集体出场，一个新的世代走向了大学的殿堂。有媒体总结这一代考生的特点：他们面临了较多的选择机会，不再像父辈那样挤高考的“独木桥”，他们成才的路径有多条，高考压力也没那么大。事实上，在高考中，有考生在考场上还睡着了，如此淡定，皆因高考不再是人生的关口。这当然是可喜的变化，却不必因此将这一代考生符号化。

高考从精英教育转向大众教育，这是时代的转身。“00后”这一代是幸运的，但展望他们的将来，无论是否通过高考，人生仍需要靠努力奋斗才能到达理想的彼岸，这个道理是不会改变的。而高考作文题刚好道出这一代人的使命，与新世纪的中国一路同行、成长，和中国的新时代一起追梦、圆梦，这一代人的机遇和机缘，就是为了2035年而努力奋斗。

我的这个写作思路，跳脱了对“00后”符号化的定位，人生无论有多少种选择，无论是幸运还是不幸，其实都只有一种选择，没有一条路是容易的，没有一种生活是真正轻松的。跳出“00后”的身份来看他们的将来，与任何一代人的路途都是一样的，这是全局性的眼光，也是超前式的思维，如此高站位自可看得远。

□要城市化，也要“养民于野”

舟曲泥石流造成巨大灾害，甘肃省民政厅厅长田宝忠说，论灾害损失的严重程度，已超过汶川大地震。(8 月 12 日《华西都市报》)

诸多不利因素叠加，是这次灾害的原因。但众多的灾难大都有一个渐变的过程，只是不为我们所知或是被疏忽了。

据报道，三眼峪沟曾 11 次爆发较大规模的泥石流灾害，1992 年那次是 50 年一遇，死伤 87 人。有专家提醒：“若再发生，造成的灾害将大大超过 1992 年。”预言不幸成真，抢险救灾仍在紧张进行，感谢各方辛苦付出，愿一切顺利，将损失降到最低。

舟曲县城坐落在泥石流堆积扇上，过去由于人口较少，城区分布在白龙江的两岸。随着人口的增长，县城范围迅速扩大，同时林地减少，反过来加剧了水土流失和泥石流活动。城市的扩张超过环境承载率，让人们濒临险境，这样的懵懂，这样的尴尬，并非舟曲一地。

多年来，在城市化的进程中，各地无不以高楼大厦为荣，以新城迭出为耀，“再造一个某某”或“国际大都市”的口号叫得震天响，耕地，湖泊，海岸线，在“经营城市”的狂热中噤若寒蝉，任凭宰割。大干快上的城市化运动，比比皆是。

古人逐水草而居，选择环山的地方筑城，无不是为了获得较好的生存保障。比如，视一马平川之地是死地，不仅面对敌人时无险可守，面对洪水、泥石流之类，也是没有屏障。而现在一些地方的城市建设，是人有多大胆，楼有多高产。盲目无序的扩张，最后是临渴掘井，到处调水调气调资源。历史上因环境恶化消失的城市多矣，敦煌因水资源短缺，风沙进逼，“有可能成为第二个楼兰”的危言就一直不绝于耳。

城市在灾害面前动不动就狼狈不堪，无疑是一记记警钟：重物轻人的发展方式是该彻底反思了。我们当透过城市的高楼森林，审视钢筋水泥背后的自然原野，有多少灾变的阴影在悄悄孕育，有多少危情被灯红酒绿所屏蔽？

藏富于民，也要“养民于野”，城市化固然美妙，绿化我们的山野，保护好那些世代居住的自然村落，同样功德无量。灾后重建或异地搬迁是必须的，平时切实保护好每一处栖身之所更显重要；与其集中到城里遭受资源短缺的困扰，不如就地创造人与环境的和谐相处。希望更多的地方能像山西右玉那样，18任书记坚持同一个造林政绩，使全县的森林覆盖率由0.3%提高到50%。若都秉持这样的科学发展观与政绩观，灾难一定会有所减少。

（2010年8月12日《华西都市报》）

评后语

这篇文章写于2010年，那时城市化的进程正如火如荼，大拆大建很普遍。我从舟曲泥石流的灾害反思生态环境的破坏，反思城市建设对乡村的负面影响，这个反思是深刻的。某个时期，为了城市的面子，乡村失去了里子，什么大树进城，这进城那进城，乡村的资源用于装扮城市，造成乡村的凋敝。此文呼吁“城市化固然美妙，绿化我们的山野，保护好那些世代居住的自然村落，同样功德无量”。这个声音可以说是着醒世之言，虽然显得刺耳了些，却很可贵。

2012年11月，党的十八大从新的历史起点出发，做出“大力推进生态文明建设”的战略决策，提出要记得住乡愁，绿水青山就是金山银山；十九大报告中更是提出乡村振兴战略，这跟“养民于野”的说法是相通的。

时间已经证明，我这篇文章的观点是正确的，而且比较超前。我能有这个超前思维，源于现实所带来的教训，基于发展规律与环境保护的常识，对新闻事件所做出的深入分析与准确判断。超前思维不是凭空臆想，是基于对眼前事物的全面把握后，所做出的科学预见。

□ “抗雾救灾”该提上议程了

昨天，笼罩在京城的大雾天气再次加“码”，东南部地区能见度甚至不足200米，达到浓雾级别，空气质量也严重超标，个别地区甚至达到中度重污染。受部分地区大雾和空气质量下降影响，口罩开始热卖。12月4日，淘宝售出3万多只口罩，相比前两周平均销量翻了3倍，其中有2万多只是被北京地区用户买走。(12月6日《京华时报》)

现代科学知识告诉我们，工业时代的大雾已非诗意与浪漫的象征，大雾不仅导致恶性交通事故频发，还可使航空、公路交通、海洋航运等陷于停顿；大雾也可能使输变电设备绝缘性能下降，导致高压线路短路和跳闸，造成“污闪灾害”；更为严重的是，大雾导致污染物难以扩散，严重威胁人们的健康乃至生命。

大雾是不折不扣的灾害性天气，各地的灾害预警中，也都将大雾与暴雨、高温、寒潮、大风、暴雪列在一起，但也仅限于此而已。防汛救灾、抗旱救灾、抗冰雪救灾，是我们熟知的名词，但从没见过政府提出抗雾救灾，大雾与高温一样，虽然列入灾害性天气，但政府与民众对此又基本抱着逆来顺受的态度，少了一点抗击的主动性。

人类对付自然灾害的办法，一是预防，二是治理，通过人类的工程来趋利避害或化害为利，比如，发布暴雨、干旱、台风预警，兴修水利工程来引水泄洪防洪、修建海防工程来抗御台风海啸。在对待大雾这一灾害上，目前是消极得连监测预报都懒得做，对造成灰霾天气“元凶”之一的PM2.5要不要监测公布都争论不休。

眼下，大雾已不再是纯自然意义上的水汽，而是掺杂了太多空气污染物的灰霾，甚至是光化学烟雾，我国的京津冀、长三角和珠三角等地，已形成区域性的空气污染带。在这种环境中，大雾预报仍停留在气象部门的就雾说雾上，这种预报无疑是失真的，对群众健康根本起不到应有的提醒与指导作用。

目前对大雾灾害的应对，公众能看到的，也只是交通领域各部门的自行其是，或停飞航班，或关闭高速公路，主要着眼于交通事故的预防，对于大雾有可能造成的其他民生损害，少见有政府进行统一部署。

或许大雾造成的危害不如洪水那样迅猛可怕，政府因此少了紧迫感，但大雾与干旱一样，灾情的发生虽系隐性与渐进式的，也会因一场大雨而得到解除，容易让人麻痹而得过且过，但一旦灾象失控，同样后果严重。1952年12月的伦敦大雾，仅仅持续了4天，因污染物浓度为平时的数倍之多，先后造成1万多人死亡，教训惨痛。显然，对越来越频繁笼罩在城市上空的大雾，政府不能掉以轻心，除了发布预报，提醒戴口罩、少出门之类的治标服务，如何从根上减少排放、控制光化学污染、少一些大拆大建的扬尘污染，都是政府义不容辞的责任。

大雾既是灾害，抗雾救灾就是政府绕不开的担当。抗雾救灾，首先当从PM2.5的监测治理开始，并结合环境保护，以科学发展观强化对环保政绩而不是GDP的考核，如此，方能取得实效并取信于民。

（2011年12月7日《西安晚报》）

评后语

既然雾霾已严重影响日常生活，构成灾害的程度，那么，提出抗雾救灾也就并不突兀。此文是最早提出这一观点的，我表达这一主张时，是查了相关说法的，因为各地的灾害预警中，将大雾与暴雨、高温、寒潮、大风、暴雪是列在一起的，只是没有把雾当灾害来抗过救过。随着雾霾天的日益多发与严重化，提出抗雾救灾已是时候了。

我这个观点发表后，被多家媒体采用过，说明得到了认同，说出了共同的心声与呼声。令人欣慰的是，随着大家认识的深化与雾霾天的愈演愈烈，抗霾行动还真的提上了政府工作日程，受到高度重视。我的观点经受了时间的检验，证明了这一观点的科学性。

独到的表达，源于对生活的深刻认识，对新闻的用心思考，根据政策与时代要求来做出准确的价值判断。正如国旗为普通民众而降，原本在《国旗法》上就有规定，评论的呼声不过是顺应了形势。我提出抗雾救灾，也是按照相关规定的精神来表达主张，顺应了治理污染的大势与事物发展的方向，顺水推舟，则得来全不费功夫。言人之所未言，这个未言又是人所欲言，自然能引起共鸣，起到一呼百应与同频共振的效果，这也是新闻人作为社会瞭望者的责任。先人一步发现问题，提出问题，是应有的担当。

□以救灾高度治霾是应有担当

未来一周，京津冀再次遭遇重雾霾过程，环保部要求各地切实落实预警应急措施。河北在全国首次下达了1号大气污染防治“调度令”，11月12日起唐山、沧州紧急启动单双号限行。河北也成为全国第一个在大气污染防治上实施调度令制度的省份。(11月12日中国之声《央广新闻》)

据介绍，“调度令”作为一种政府公文，往常一般用于抗洪抢险等救灾场合的紧急调度。虽说“调度令”一般在救灾场合才使用，但治雾霾下“调度令”并不离谱。在2011年12月笼罩北方的大雾天气中，笔者就从有关媒体发出呼吁：“抗雾救灾”该提上议程了。理由是，大雾已然是不折不扣的灾害性天气，在各地的灾害预警中，大雾与暴雨、高温、寒潮、大风、暴雪等天气是相提并论的，既然防汛救灾、抗旱救灾、抗冰雪救灾，早已被大家所习惯，那么，提出“抗雾救灾”就是顺理成章，并不唐突。

现代科学知识告诉我们，大雾不仅导致恶性交通事故频发，还可使航空、公路交通、海洋航运等陷于停顿；大雾也可能使输变电设备绝缘性能下降，导致高压线路短路和跳闸，造成“污闪灾害”；更为严重的是，大雾导致污染物难以扩散，严重威胁人们的健康乃至生命。

大雾与高温一样，既然列入灾害性天气，一旦形成重大灾害，当然要奋起救灾。所以，河北省将救灾场合用的“调度令”，用于雾霾治理，是应有的责任担当，只是以前没有上升到这个高度罢了。毫不讳言，对雾霾危害的认识也是一个渐进的过程，过去一些地方对 PM2.5 视而不见，不惜瞒报少报，遮遮掩掩，或等着大风吹散，而近年来积极作为变多，从减少污染物排放上下了不少功夫。但因利益关系，一些地方、企业在减排时，又常留一手，环保部门在督查中，屡屡发现违规偷排，有的甚至在检测数据上造假。

治理雾霾不能靠环保部门孤军奋战，有些企业自恃地位重要，有“不怕查、不怕罚”的心理，所以，用“调度令”来利剑高悬，确保各地各部门落实环保职责，就显得很有必要。希望更多地方，能以救灾的高度来加强对雾霾的抗击。

（2016 年 11 月 13 日《楚天都市报》）

评后语

笔者最早在媒体提出“抗雾救灾”的呼吁，而当抗霾终于用上了救灾才用的“调度令”，说明“抗雾救灾”已成政府的担当与社会共识，这是可喜的进步，当对此再鼓与呼。我此前的观点得到了时间的印证，说明我的预见性是建立在科学判断与实事求是基础上的，并非信口开河。

政府重视抗霾，就是重视群众的健康。我写此文，也是将重要的话说三遍，强化社会共识，推动抗霾工作的积极向前。

▢高铁卧榻之下岂容隐患酣睡

11 月 29 日，济南市美里湖街道范庄村一处工厂起火爆炸，致相距约百米的京沪高铁供电设备故障，多趟京沪高铁列车晚点运行，部分列车停运。(11 月 30 日《新京报》)

虽然此次事故仅是造成交通中断，没有导致更严重的后果，仍不免令人心惊。根据《2016 年铁路运输安全保护条例的规定》，铁路线路两侧应当设立安全保护区，从铁路线向外的距离通常不少于 8 ~ 15 米。专家称，爆炸工厂距离高铁线路约百米，不在铁路线保护区范围内，符合建厂规定。但这并非表明，高铁卧榻之下，就能容忍安全隐患酣睡。城门失火，殃及池鱼，铁路沿线的生产活动，与高铁运行息息相关，岂可漠然视之。

铁路运输存在诸多影响安全的“车外”因素，仅就京沪高铁安全的运行环境，原铁道部副部长胡亚东曾指出九大隐患，其中就有：高铁线路两侧 200 米范围内，还存在易燃易爆等危险品生产、经营场所；高铁线路两侧 1000 米范围内，还存在采矿、采石及爆破作业场所；部分地段存在挖砂取土、打井取水现象，损坏线路基础……每一项环境因素，都有可能危及高铁运行。2011 年 7 月 25 日，京沪高铁就因一处供电设施上方的铁皮被风刮落，砸断动车供电线，造成 20 余趟列车晚点。

虽然铁道部门可以对受外部因素造成的事故问心无愧，但事故的后果还得共同承担。这次济南的工厂爆炸导致高铁停摆，正应对了胡亚东曾忧心的问题，高铁线路 200 米范围内，还存在着危险作业场所。因为事发工厂是生产甲醛材料的企业，爆炸致铁路桥上接触网损伤。在京沪高铁开通运营之前，有关方面曾专门排查和整治沿线安全隐患，严打各种危及高铁的生产经营建设行为。从这次事故来看，对高铁的沿线管理仍任重道远。

高铁除自身的安全风险外，还涉及车站、气象地质灾害、沿线治安和铁路公路互跨等一系列风险。这次工厂爆炸逼停高铁，为高铁的安全运行再敲警钟，值得各方引以为戒，须切实加强综合排险，以避免此类的“飞来横祸”。

（2016 年 12 月 2 日《楚天都市报》）

评后语

2016 年 11 月 29 日，济南市美里湖街道范庄村一处工厂起火爆炸，一个直径近 1.5 米的压力容器的金属盖，被炸飞至距地面约 30 米的高铁桥一侧，并将桥上多个隔音板砸坏，供电接触网也受到损伤，因停电导致部分高铁列车停运。

面对这样的一起飞来横祸，相关专家却表示济南京沪铁路沿线爆炸工厂设址未违反规定。这不免令人忧心，因为根据规定，铁路线向外的净空区只限于 8 ~ 15 米，而这一工厂相距铁路线有百米开外，虽然也是近在咫尺，却是合规的，可见这规定本身有漏洞，并不合理。视频资料显示，有一辆列车还撞上了飞来的爆炸物碎片而停车，这多么危险啊！本文对此提出了担忧，并呼吁高度重视这类隐患的解决。

2018 年 8 月，京沪高铁北京南至廊坊间，因一块“飞来”的彩钢板导致设备故障，造成 46 次高铁列车停运。这块钢板来自沿线附近一处临建民房，致使事故区间的接触网共 7 处被砸坏脱落。类似的事故，在高铁沿线发生过多起。这再次验证了本文提出的问题，如何排查铁路沿线的潜在危险？铁路沿线那些“合规”存在的安全隐患，就真的可以视之不见，任其堂而皇之的存在吗？

本文观点的先见之明，一次次被现实所验证，说明了本文观点的科学性，这种判断是基于对现实的清醒认识，因为这样的隐患并非看不见摸不着，而是客观存在的，岂能熟视无睹？

□“戒烟入医保”未尝不可

卫生部部长陈竺日前透露，将通过深化医改为控烟助力，逐步把戒烟咨询和药物纳入基本医保。这个“医保戒烟”计划引来争议，有人认为有限的医保资金应用在治病上，用来为烟民戒烟埋单是表错了情，有损公平。（4月17日《广州日报》）

对戒烟、控烟本身，相信是有高度社会共识的话题。用医保资金助力控烟，也不是什么离经叛道的事，医疗保健工作本来就包含治病与防病。只不过，国人的习惯思维素来重治病轻预防、重救灾轻防灾。这种观念根深蒂固，使得至今都不重视预防工作，以致本来主要担当保健预防工作的社区医生，往往异化为“开药医生”，居民问诊的多，咨询的少。“医保戒烟”让人想不通，既有这一落后因素作祟，更有我国医保尚处于较低水平的当下，老百姓连治病的当务之急都难缓解的沉重现实，所以使得谈防病就显得有点“超前”。

就事论事，“医保戒烟”是个好主意。早有专家提出，在我国人口多、财力弱的大背景下，尽快实现人人享有基本卫生保健之目标，不如走预防为先的医保之路，实现由“重医疗”到“重健康”的转变，以强化投入的“效率”。卫生部2006年发布的《中国慢性病报告》显示，中国慢性病死亡人数占总死亡人数的比例，已由1991年的73.8%上升到2000年的80.9%。一些重大疾病及慢性病的发病早龄化，也不时见诸报端。因此，加强疾病预防，使国民少得病，应是医保工作的基础。医保的目标是“健康”，医疗与预防都是手段，并非治病就是医保，防病就不是医保。

其实，加强疾病预防、减少疾病发生恰恰能降低医疗费用。就拿戒烟来说，根据目前行情，14 天的药量需耗费 260 元，一个疗程（半年）的药费在 3300 元以上。这当然比较贵，但就治病而言，仅拿由于吸烟和空气污染等造成的慢性阻塞性肺病来说，我国目前约有 3800 万名患者，年人均医疗费超 1.1 万元，这笔开销是不少的。至于肺癌的治疗费用就更不用说了。两相比较，防病的费用还是要低得多。鉴于目前戒烟药都是进口的，成本较高，若以后实现国产，费用应会降低。虽说我国烟民众多，但有意识主动戒烟的只是一部分，不大可能造成实行“医保戒烟”后，一下子将医保资金大量挤占的情况。

另有数据表明，中国糖尿病患者人数高达 9240 万，较既往估计高出一倍，其治疗费用每年超过 1700 亿元。各类慢性病呈早发、高发、持续上升状况，包括癌症日渐成为常见病的严峻现实，医保从治病转向防病、以防治结合来保障国民健康，这是大势所趋。基于此，对“戒烟入医保”，在条件许可的情况下不妨乐观其成，倘若以后更有财力保障了，近视眼镜或治疗类的“伟哥”入医保也并非不能接受。

（2012 年 4 月 18 日《中国青年报》）

评后语

戒烟的费用可进医保报账，一些人认为不可思议。从防病角度看，吸烟有害健康，如果能帮人戒烟，也就是预防因吸烟导致的相关疾病，前期花了钱，却能为后期省下更多的钱。所以，我对此表示赞同，并力陈得失，用数据说话，算是表达独到的看法。

这种异质的声音，是基于防病的费用比治病少，而国人一向重治病而轻防病，所以，表达这个观点有现实必要性，也是有说服力的观点，并不离谱。全国政协委员、北京协和医学院校长王辰在新华网 2018 全国“两会”

特别访谈上表示，人们日常所说的“烟瘾”即是烟草依赖，是一种高复发的慢性病，需要公众、政府、医学界等社会各方力量的支持，共同推动吸烟率的下降。基于此，王辰提出了“提高专业化戒烟干预水平”的建议，内容包括普遍设立戒烟门诊，将戒烟治疗纳入医保等。根据《深圳市建设“无烟城市”实施方案》，2018 年 12 月前，各区人民医院要全部开设规范的戒烟门诊，该《方案》还提及深圳要探索将戒烟药物纳入医保目录。

我相信，经过时间的推移，防病重于治病的观念会更加深入人心，医保的适用范围会扩大。戒烟可入医保，这个观点虽然超前，也并非不能达成的目标。

□警惕甲流温水煮青蛙式的进逼

中国应对甲型 H1N1 流感的防控策略正在酝酿应势而变：从“国门”围堵，逐个确诊、治疗，逐步转变为常态的重点人群监控，追踪病毒变异情况，以及重症患者的救治。(6 月 17 日《新京报》)

中国疾控中心流行病学首席专家曾光称，甲型 H1N1 流感在我国已经历了输入性病例、二代病例和传染源不明的本土病例三个阶段，快速增多。

虽然从致死率上看，甲型 H1N1 流感并不可怕，但其传播性强，一旦在本土出现大流行，无疑将影响经济与社会的有序运行，还要防止病毒变异或与禽流感病毒同流合污。

需要高度警惕的是，甲流在温水煮青蛙中步步进逼，进而失控，酿成难以收拾的局面。这种风险并非不可能。从甲型 H1N1 流感在我国的传播历程来看，就是在个别入境人员的疏忽与不负责任中，给了病毒传播的可乘之机。从御病毒于国门之外的努力失败，到二代病例和传染源不明的本土病例出现变为现实，我们的心理防线与疾控防线一道被步步突破，步步后移。社区暴发和大量本土病例出现的最坏情况，难言可以幸免。

面对疫情，我们诚然不必恐慌，但绝不可松懈或是掉以轻心。世卫组织已警告，甲型 H1N1 流感的大流行会持续两年。防疫是一场“持久战”，最怕“防范疲劳”，因厌倦厌战，因麻痹松懈酿成灾难性的大患。

当甲型 H1N1 流感病例的出现成为常态，我们要担心的是由对病毒的高度戒备也在见怪不怪中变为麻木不仁。这种因常态带来的“平常心”，会不会出现“久病床前无孝子”的那种因旷日持久而失去耐心？会不会因“传染源不明”而成防疫不力的借口并导致责任不明？还能不能一以贯之地全力以赴做防控坚持？

曾光说，“国家防控措施将提前、逐步调整为更长效、更经济的全人群监测防控”，也就是更关注本土社区、学校人群中的主流流感病毒监控，关注甲型 H1N1 病毒的变化和变异，以便应势启动相关的疫苗、药物、医疗救治储备，努力减少发病人数。(6 月 17 日《新京报》)

凡事预则立，不预则废，这种未雨绸缪式的提前介入当然是必需的。也要指出的是，“目前，我国应对甲型 H1N1 流感的防控策略，依然是全民加密监测网络、及时发现、确诊、隔离、治疗每一个患者（感染者)”，这个策略是仍应勉力坚持的目标，不可轻言放弃，轻言“不再确诊每一个甲型 H1N1 患者，只监测人群中普遍感染的流感病毒的变化情况”。

从好的政策往往走样的教训来看，最怕“防控措施将提前”被异化成防线的后移，异化成不战而退，不战而降，给了防疫疲劳懈怠者早早撤兵的借口。防控甲流，仍需以最大的努力防止出现最坏的结果，仍需按最坏的情况来做好准备。

(2009 年 6 月 17 日人民网)

评后语

甲型 H1N1 流感，是 2009 年初在墨西哥发现的，随后在全世界开始蔓延。对我国而言，一开始发现的病例均系境外输入，在经历输入性病例、二代病例和传染源不明的本土病例三个阶段后，已呈快速增多之势。本文从防控角度，提醒社会各方不能掉以轻心，由于流感的症状与破坏性没有非典那么严重，时间一久，戒备心理会放松，由此可能造成大范围的传播。

此文并非杞人忧天，据卫生部网站消息，截至 2010 年 3 月 31 日，全国 31 个省份累计报告甲型 H1N1 流感确诊病例 12.7 余万例，其中死亡病例 800

例。这一病毒在肆虐全球长达两年时间后，潜伏下来，虽然威胁没有那么大，却成了经常刷存在感的隐性感染源，今天已是与我们长期共存了。对甲流病毒，不可陷入温水煮青蛙式的麻痹大意，是有预见性的。这一超前思维，源于对流感病毒高传播力的清醒认识。

人机大战的赢家永远是人

9日，人工智能“阿尔法围棋”与韩国棋手李世石的人机大战打响，第一局的较量中，李世石中盘即告负。

有人惊叹，人类“阵地”失守来得如此之快，人类尊严何在？我说，这仍是人的胜利，因为任何机器都是人发明创造的，背后离不开人的智慧结晶。机器取胜的每一步，实是人类科技前行的每一步，人类总是真正的赢家。

在工业4.0版的革命中，智能制造、机器人时代正大步走来，如同蒸汽机到内燃机的工业革命，每次升级换代，带来的必是生产力的提高。

机器人做家务、机器人写稿，我们的生活早已在享受机器人带来的便利服务，同时又面对它的威胁，越来越多的岗位或被机器人取代。这也是无法绕过的竞争，每一次生产方式的转变，都会导致传统的生产者被挤下舞台。但几百年来，科技越来越发达，人类并没有失去工作，只是工作的方式随之而变。

围棋人机大战，并不太新鲜。之前，在国际象棋领域，机器人“深蓝”就取得了成功。由于围棋存在更多变数，人的直观感受和洞察力可以发挥决定性作用，常认为人工智能难以取胜。事实上，围棋软件做了20多年，到去年11月，还连一个小学生都下不过。

这次，“阿尔法围棋”的神勇，令人惊讶，也说明人工智能取得了突破。

尤其让中国棋迷感兴趣的是，程序设计中采用的是中国规则，因为简便，对电脑计算有利。软件中包含的精确合法棋局数是171位数，人要跟它比计算，还真要费些功夫。人输了，依然是输给了人脑，输给了程序设计员，输给了科技的大脑。

就在5日，“电子邮件之父”雷·汤姆林森去世。当年他在工作中开小差，顺手发出了世界第一封电子邮件。人类的科技进步，如牛顿从苹果落地发现万有引力，瓦特从开水壶现象发明蒸汽机一样，常在无意中妙手偶得。

围棋人机大战，这种生活的花絮，何尝不是推动人类前行的创举呢。人输了，也依然应该高兴。

（2016年3月10日《楚天都市报》）

评后语

人工智能兴起，人下棋下不过机器，一些人为人类未来的命运感到担忧。其实，人工智能的每一步前行，都是人类自身的前行，因为人工智能的背后是人，人是一切机器人的主宰，科技是为人类进步服务的。

这篇文章没有停于人机大战的表象，没有去看热闹，而以更深邃的目光来看待人类的进步，不为炫目的繁华与纷扰所迷惑。所谓不困于情，不乱于心，是评论人起码的素养。这也是一种超前思维，引导人们正确对待人工智能这一新生事物，对未来要抱有美好的希望与信心。

□从泰坦尼克到法航空难人类走了多远

5 月 31 日，“泰坦尼克号”沉船的最后一位幸存者米尔维娜·迪安去世，享年 97 岁。6 月 1 日，法航 AF447 班机在大西洋上失踪，228 人可能已全部遇难。1912 年，当时最先进的船只“泰坦尼克号”被冰山一角无情撞沉。此次遇难的法航空客 A330 型客机，也一向被视为是最安全的机种，从未出过事故。

从轮船到飞机，人类这一百年来的交通工具以及各种科技取得了飞速发展，然而，同是最先进的交通工具，仍不可避免失事。人类的脚步，依然不能从容跨过那片海。

法航空难为近十年来最悲惨的空难，虽然人们对事故原因莫衷一是——技术故障，系统失灵，恐怖袭击等，还有人再次想起百慕大神秘三角传说。但已知的事实是，法航客机在大西洋上失踪，暴露了雷达的弱点：大西洋有一大片面积并不为雷达覆盖，飞越北大西洋上空时，要经历数小时的“雷达黑洞”，仍要靠类似“泰坦尼克号”式的无线电方式通信。至于飞机本身，空客 A330 型原来就有计算机失灵的“前科”，去年险些酿成澳航客机空难。

无论是何种原因，皆说明人类在自然面前，远没达到可以随心所欲的境界。虽然可以在太空上来往了，但从泰坦尼克到空客，人类只前行了一小步，大自然仍有众多的盲区远没有被认知，远没有被人类的目光、智力所覆盖。

在那场海难中，米尔维娜幸运存活，得以度过97年的人生风雨。97年来，米尔维娜目睹了太多太多的人间奇迹，享受了众多科技进步带来的生活便利，也经历了两次世界大战、高科技战争的沧桑。米尔维娜的97年是人类的一个缩影。在浩渺的大自然面前，人类不过仍是“泰坦尼克号”上的米尔维娜那样懵懂的婴儿，在未知的领域面前，懵懂而幸运地生存。在太空中，再安全的地球也不过是一艘船只或飞机，经不起任何碰撞。

在自然面前，人类应永远感到谦卑，不断求索以寻找更安全的生存方式与空间，并彼此同舟共济，相怜相惜。在自然面前，人类不过是在海边拾贝壳的孩子，偶尔幸运地捡到一些知识。若用这点可怜的技术自大或自相残害，只会让自然觉得可笑与失望。

在米尔维娜的身后，人类仍并不能避免类似泰坦尼克的不幸事故。这些事故是全人类共同的悲剧与财富，人类在事故中逐渐成长与进步。

（2009年6月4日《中国青年报》）

评后语

又一起空难发生，我没有止步于对这起空难的就事论事，而是联想到空难的前一天，泰坦尼克的最后一位幸存者离世，从那场海难，到这起空难，有没有内在的联系，可以扯到一起说？

虽然发生的时间与空间不同，但从当年的豪华客轮到如今的先进客机，都不能完全保证人类远行的安全。由此，我当即想到反思人类虽然在交通工具上取得了很大进步，但在自然面前仍有力不从心的时候。每一次的灾难，仍是人类前行必然要付出的代价与学费。这样的灾难反思，比具体的原因寻找，更有深远的意义。而且，从泰坦尼克说到法航空难，一眼越百年，也有新鲜度。

这种横跨百年的反思，也是提醒人们，在自然面前切勿自大，人类前行的每一步，注定都只是一小步，而不是一大步，不能沾沾自喜。因为未知的领域实在是太大，而人类的认知又实在太渺小。“在浩渺的大自然面前，人类不过仍是‘泰坦尼克号’上的米尔维娜那样懵懂的婴儿。”这个论断并不悲观，就在此文发表的5年后，2014年发生的马航空难，就如泰坦尼克一样悲剧，连飞机去哪儿了至今都没有下落，可见人类前行的步履艰难。交通工具的速度再快，人类文明跨越的距离却不是很远。

第五辑

卓　识

这是一种求真思维，在众声喧哗中坚守客观立场，冷静表达自己的独到见解，不盲从跟风，不人云亦云。有人说，好的评论要有超越社会平均水平的认知，即比常人看得深一些，有力排众议的胆识，也能走在他人的前面，担负起社会守望的责任。

中国人民大学新闻学院教授马少华认为，新闻评论的一个专业性标准，就是接近新闻事实，新闻媒体作为一个“专业”，有条件、有理由提供比一般公众评论更为精确的判断，这就要求作者更直接地贴近事实本身。（马少华：《什么影响着新闻评论》，人民日报出版社 2013 年版）在中国青年报编委曹林看来，许多新闻，都有很多角度可以切入，为了最大限度地体现评论的价值，最好选择最能体现新闻价值的角度去切入。

以上都可以说是一种求真思维，新闻的力量在于真实，观点的力量同样如此，唯有符合客观实际、直面真相的观点，才能得到认同，才能发挥评论的引导、监督、解惑等诸项功能。很难想象，一个不符实际的观点能够服众，它除了引起纷争，撕裂社会，没有任何的价值。

求真思维，是新闻评论的“四梁八柱”，有见地的观点必然是求真务实的结果。所谓求真，指主动以严肃的态度持续不断地、反复深入地对已有的认识、观念或结论以及它们的形成过程，进行周密、持续且有批判性的再思考，以求得新的认识。

面对一个新闻事件，可能会有多个切入的角度，在评论写作中，会有一个取舍与反复权衡的过程。曹林在《评论的角度与批评的价值次序》一文中指出，在批判的问题上，存在着价值次序，一个事件上可能有许多值得批判之处，远的近的，弱的强的，直接的间接的，明显的隐含的，这样的排序就是批判的价值次序。（曹林：《时评写作十讲》，复旦大学出版社 2011 年版）

韩非子在《说难》中讲了这样的一个故事：弥子瑕受到卫国国君的宠爱。有一次听到母亲生病时，他便假托君命借用国君的车子看望母亲。按照卫国的法律，偷驾国君车子的人要受到把脚砍掉的刑罚。国君知道后却不以为罪，反而赞他孝顺。弥子瑕陪着国君游赏果园，吃到一个桃子觉得很甜，当即把没吃完的桃子献给国君，国君不仅不觉得他失礼不敬，反而觉得这是出于对国君的真爱。但是当弥子瑕姿色衰老，国君对他的宠爱减退，便想起了自己那辆被他偷驾的车子和被他吃了一半还敢献上来的桃子，就要治他的罪了。国君前后态度的变化，源于其心中的价值批判次序发生了转变，昨是今非，昨非今是。

评论的价值次序不是恒定的，选定哪个次序为先，就要看哪个价值最符合社会的需要，而不是以个人好恶为转移。比如，小偷反腐之类，偷拍敲诈反腐之类，批判的价值有多个，可以批官员贪腐，也可以批小偷行窃。在这样的事件中，虽然我们都痛恨腐败行为，却不能为小偷叫好，因为这是违反法治精神的，不能说作案的对象是官员就偷的有理。偷谁都是于法不容的，鼓励非法手段反腐，会乱了套。反对小偷反腐，不是保护贪腐，而是维护公共秩序与全社会的安全感。至于反腐，自有专门机构按正常途径进行。

有这样一则新闻，陕西宝鸡市岐山县蒲村镇统一发放残疾人福利时，鲁家庄村年过七旬的老汉领到了超短裙和超短裤。消息传开，舆论哗然，镇政府顶不住了，承认工作失误。冬天的老汉领到超短裙，这事确实可议，因为有诸多不符情理之处，冬天用不上短裙，老汉更用不上。有些评论就“超短裙暴露扶贫之短”“超短裙能温暖一个冬天吗”，嘲笑扶贫不精准。

表面上看，这样的批评似乎没问题，但我认真阅读新闻后，发现本次衣物系上海某公司捐赠，并非政府的寒冬救济，与扶贫扯不上关系，只是一次献爱心行为。捐赠的衣服大多系女装，这并没有错，也许人家公司女员工多，献爱心本来就是各尽所能。而冬天将清理出来的夏衣捐出也很正常，衣服本来也就是换季时换装。当地发放时也做了明确说明，本人不能穿的，其家庭成员可以使用。这事已很清楚了，老汉不能穿，可以给他人，冬天不能用，可以放到夏天。对来自他人的好心，即便不受用，也需心存感恩。就如我们日常生活中，收到他人的礼物未必就是心仪的，也有用不上的，但不能质疑他人的好心。

我于是写下《裙子虽短何妨爱心的悠长》一文，在批判的价值选取上，我没有跟风批评“发放的形式主义，捐赠的不切实际”之类，而是指向那种对慈善苛求的坏毛病，认为需要什么对方就该给什么。这种思考，也是一种求真思维，具体问题具体分析，为爱心捐赠说了句合情合理的公道话。

□道路命名要走在“葛宇路”前面

这是一件富有谈资的事，北京一名叫葛宇路的学生从2013年起寻找地图上的空白路段，并贴上自制的“葛宇路”路牌。随后，他命名的一条道路被多家地图软件收录，这条本来无名的道路竟以“葛宇路”被广为人知，所有快递、外卖、导航、市政标示均可正常使用葛宇路进行定位。（7月12日《北京青年报》）

葛宇路系中央美术学院的一名学生，他表示最初以自己的名字命名一条道路只是源于艺术设计，并没有想到会被地图软件收录。他对“葛宇路”的走红也比较忐忑，担心关注度上升的同时会引来争议。

这条路位于北京苹果社区内，实际叫“百子湾南一路”，后来社区一分为二，这条路也就从中断掉了，中间那条待征路还没有打通，另半边也就还没有正式命名。按规定，任何单位和个人不得擅自决定路名，一般也不以人名作地名。“葛宇路”当然是违规的产物，其命名也是无效的。

葛宇路是个顽皮的学生，就读于湖北美术学院期间，就曾把“葛宇路”喷在了校门口的墙上和地上，并用其他工具写在了海报栏、厕所、黑板等地方。到了北京，仍是积习不改。这种行为已脱离艺术创意的本身，有不文明行为之嫌，应予批评。苹果社区的那条“葛宇路”之所以假能乱真，只因居民的实际生活中，需要“有名”的路标来提供方便，无名路段的存在给“葛宇路”的命名钻了空子。

“葛宇路”被收入地图软件，虽是一起偶然的意外，却折射出城市道路命名滞后，跟不上居民生活需要的常见问题。“葛宇路”在被搞怪之前，已存在10年，没名没姓，却无人过问，本身就不正常。道路命名的最大功能就在于标注方位，不但事关群众生活和交往，而且对邮政通信、户籍、房产管理等都具有重要作用。在城市化的热潮中，各地城市建设日新月异，普遍存在路名跟不上市政的情况，有路无名等问题较为突出。2007年，西安市普查发现，城区有84条道路没有正式命名；2009年，桂林市发现市区有近百条道路存在“无名”的尴尬。这种新闻比比皆是，路名的缺失，对公众生活造成的负面影响是显而易见的。

有网友觉得以自己名字命名道路的做法很有趣，在网上还热传着《如何在北京拥有一条以自己命名的路?》，这个想法当然是不现实的。因为市民不可以私自命名道路，个人不能随意制作并悬挂路牌。“葛宇路”的存在注定是昙花一现，这个小插曲倒是提醒官方的道路命名机构，要及时负起应有的责任，别让居民生活陷于无名路的迷途中。解决这样的问题并不难，就是让道路命名与规划同步提交。将道路的民意征集、政府审批等程序置于道路施工之前，如此又岂会造成有路无名的困境，又岂会给“葛宇路”以机会。

（2017年7月13日红网）

评后语

“葛宇路”事件中，有人说这孩子不务正业，有人说这路名该保留。众说纷纭中，我以为该反省的是道路命名机构，不能滞后于道路建设，只有这样，才能避免居民生活中的尴尬。同时，也对取消“葛宇路”的牌子持赞成意见，因为要依法办事嘛，个人不能代替政府来管理城市，这是规则，要不然，会乱了套，陷入无序状态。

在一件事情有争议的时候，不必选边站，也不必和稀泥，而是要看这事的理在哪。站在道理，也即公共利益这边，据理力陈，就没错，这也是中肯的建设性的意见。

□感谢国家与感谢爹妈并不纠结

2月20日，温哥华冬奥会，中国选手周洋获得短道速滑女子1500米冠军。

“这枚金牌会改变很多，也能让我爸妈的生活更好一些。”

一位18岁的姑娘，一句真实的道白，让网友感动不已，称之“红色阿凡达”。

这是寒门飞出的金凤凰，父母卖冰糕供其滑冰，女儿夺冠也圆了他们蓝天之梦，发现“坐飞机的规矩还真多。”

但周家不知道，说话的规矩更多。

“感谢你爹你妈没问题，首先还是要感谢国家。”3月8日的《新京报》披露，有国家体育总局官员指出，“别光说完感谢父母就完了”。

8日下午，相关人员对此做了澄清，否认有批评。就在同一天，周洋作了一个完整的致辞，“这枚金牌要感谢国家、感谢支持者、感谢教练、感谢工作人员、感谢自己的父母”。(3月8日中国新闻网)

感谢CCTV，周洋终用一个大家熟悉的马拉松式颂歌，完成了一个庄重的表白仪式。其实，周洋按不按套路出牌，原本就不是一个问题。

雄壮激越的义勇军进行曲，总是那么的让人热血沸腾。我不相信周洋在面对五星红旗的升起，没有油然涌起一股民族自豪感。对国家的热爱，那面鲜艳的旗帜或已替她尽情飞扬。而感谢爹妈，只是头脑一片空白下的本能反应，正因如此质朴，才蕴涵着打动人心的力量。为什么非要给一个符合传统格式的标准答案，才是符合期待？

从事体育运动的，多是穷孩子出身，因为这，才浑身充盈着改变生活的奋斗动力，也因此能忍受训练之苦。调查显示，近八成青年心怀周洋式动力，为让父母生活得好而奋斗。（3 月 2 日《中国青年报》）

这是最普通不过的人之常情。而残酷赛场之外撼动人心的，常是不分国别的人性之美。在北京奥运会上，33 岁的德国选手丘索维金娜夺得跳马银牌。背后的故事是，2002 年，3 岁的儿子患了白血病，为赚取医药费，她以高龄之势重回运动场。让人肃然起敬的是母爱，而不是那块银牌。

当然，运动员的成长离不开国家培养，个人前途与国家命运息息相关。但国家与家庭从来不是割裂的，生在这片土地，受国家的恩庇，点滴的付出是为自己也是在为国家打拼，并不是先有鸡还是先有蛋那种理不清的关系。

爱国与感谢爸妈并不矛盾，排名其实不用分先后，也不必在意感谢了谁，没说感谢谁，一切自在不言中。

（2010 年 3 月 9 日《楚天都市报》，原题《一场马拉松式的感谢》）

评后语

一个人取得成绩后，总要感谢一大串对自己有帮助的人。心存感恩，这是美德，也是生存法则。感谢谁，没感谢谁，通常也是个问题。本文以运动员周洋的获奖感谢风波，表达了一个独到观点：感谢谁不必分先后，感谢国家与感谢爸妈是浑然一体的，因为我们每个人都是生长在这片土地上，为个人为家庭也是为国家在打拼，家国情怀是中国人与生俱来的优良传统，割裂不了。如此，就化解了先感谢谁的矛盾，引导舆论积极看待各种感谢致辞，不必拘泥于一时一地，这也是让大家都能开开心心生活与工作，少些纠结与不必要的话题。

□理性看待扶贫干部与贫困户结婚

日前，网上一篇“扶贫干部与女贫困户结婚”的报道走红，引发热议。此文第一作者、湖北恩施州鹤峰县走马镇宣传干事马妍向记者证实了此事。(据7月17日封面新闻)

马妍称，韩庆玉是该县公路局派驻走马镇红土村的驻村帮扶干部，于冬之并不是韩庆玉的帮扶对象。两人通过亲朋介绍，在工作过程彼此熟悉后，才确定关系。韩庆玉说：“她的勤奋感动了我，不等、不靠，很坚强。”于冬之则感慨：“他这个人吧，比较踏实，心里觉得他是个好干部。”渐渐地，二人互生好感，决定走到一起。

由于两人的身份特殊，结婚后，有祝福，也有议论。其实，细观二人的结合过程，就是一段很正常的感情，“一看人品好，二看是知音”，很正确的婚姻步入模式。两人认识前均系离异，一个54岁，一个46岁。众所周知，这个年纪结婚不易，再婚更不易。二人在扶贫工作中互生好感，走到一起，自是一段佳话，外人不必拿着放大镜看。

每一段感情的开始，都需要一个触发的媒介，所谓缘分，即是能够促使彼此相遇相知的机会，这个机会，或是父母之命、媒妁之言，或是拐角遇到爱、自由的邂逅。对韩庆玉与于冬之来说，扶贫工作就是二人相识的一个媒介，因为这项工作，二人的命运才有了交集，才有了认识的机会。在扶贫中遇到牵手的人，就跟三毛通过旅游遇到荷西、庐山恋中两位电影放映员的相知一样，等等众多的缘分，所有提供异性接触的机会，在性质上都是一样的，并没有高下之分。扶贫只是让二人有了认识的机会，一个场合一个途径而已，认识到这一点，就不难正确理解扶贫干部与女贫困户结婚一事，也就不必将扶贫当作二人的感情标签，以此来风言风语。

虽然一个是在公路局工作的干部，一个是农村妇女，其实，这种“半工半农”的婚姻，在基层中并不少见。所谓的“半边户”婚姻就是这种，在外工作的一方，也通常来自农村，熟悉农村生活，对农村有感情。不少这样的婚姻，并没有以外界的物质或其他诱惑为转移。于情于理，扶贫干部与女贫困户结婚，并没有突兀之处，不必大惊小怪。类似扶贫联姻的爱情故事，在2017年11月也有过一起：陕西定边县扶贫女干部严宝玉“闪婚”32岁贫困户张志川。这看起来特别，其实也就是正常的男女之情，男大当婚，女大当嫁，遇到对的，就嫁了吧，这又何错之有。

客观而言，扶贫干部与女贫困户结婚，说明是带着感情在扶贫，对乡村对贫困户充满了真情实感，敢于接受这段感情，也说明其对乡村没有偏见，对工作是满腔热情。即便有心人要将二人的婚姻与扶贫工作来挂钩，也完全经得起检验。媒体如实报道这一佳话，只要不拔高不炒作，就无可厚非，外界也不必多想。如果以扶贫的标签来说三道四，脑子本身就有“门当户对”的陈腐观念在作怪。

（2018年7月19日《楚天都市报》）

评后语

一位扶贫干部与贫困户结婚，扶贫扶成了一家人，引发网友热议，有的担心这是作秀，为了完成工作任务而结合。本文力排众议，指出扶贫工作只是二人认识的一种途径，正如三毛通过旅游遇到荷西，扶贫只是提供了缘份的媒介，不必将一段感情的生发，与扶贫扯到一起。本文的观点与分析入情入理，有助于各方正确看待这桩扶贫婚姻，避免当事人的困扰。

▢别曲解了环卫工背学生的善意

6 月 15 日，六盘水师范学院曝出来的一组图片在网上疯传——两名身着环卫背心的阿姨背着一男一女两名大学生蹚过积水区，引来不少争议。网友们认为学生太娇气，这一幕不是暖心是闹心。(6 月 16 日《贵州都市报》)

本来是件好人好事，却成了负面新闻，引来六盘水师范学院紧急应对舆情，表示这是环卫工自发的行为，学校没有组织背学生蹚水；环卫工也告诉记者，平时就拿学生当自己的孩子一样，为不影响学生上课，就逮着孩子抢背了过去。

5 年前，在武汉发生过类似一幕。某传媒学院教学楼进出通道被淹，刚做完教室卫生的清洁工主动上前，将几名学生背了过去。网上同样不乏批评，“公主病太重了吧”“大学生怎好意思让阿姨背”，甚至有人担心到了中国教育的未来。

批评者认为，即便环卫工主动，学生也应拒绝，因为大家都是平等的，做体力活的环卫工并非天然低下，就该背学生。这看起来振振有词，实是混淆逻辑，想多了。客观而言，有些城里的孩子生活条件优越，没有农村来的孩子能吃苦，克服困难的心理准备与能力都差些。正如背人的环卫工所说，我年纪大，不怕冷水，有好几个学生说不要背，我就让她们拿塑料袋套在脚上走过去。“背过来的，都是穿了长裤子穿了鞋袜的同学，的确有困难。”这些话中，明显透出环卫工的生活经验丰富，懂得如何应对雨天出行，背学生也完全是出于帮人解困的纯朴感情，何关地位高下之类。

避免被雨水打湿生病是常识，与娇贵无关，要不然，六盘水师范学院也不会临时拿凳子“搭桥”，以方便通行保护学生健康。环卫工正是基于这种考虑，以举手之劳帮助他人，完成最后几步，实是与人为善的义举，并非要惯着谁。如果大学生心安理得地受助，当然不对，事实是，他们都感激不已，环卫工也很开心，说明这就是一个助人为乐的单纯事件。社会也需要这种热心肠，今天你背我，明天我背你，不就很好吗？一些舆论起哄，无非是拿环卫工与大学生的身份标签做文章，恰恰有自己先入为主的判断。试想，如果是大学生背大学生，或者说大学生背环卫工蹚水，还会有争议吗？背人蹚水，善举就是善举，别因口水淹没了好心。

（2017 年 6 月 18 日《楚天都市报》）

评后语

近年来，发生过几起下雨天气大学生被人背着蹚水的新闻，网上每次都是对此议论纷纷，认为大学生娇气，不该被人背。我则力排众议，从主动背人者的一番好心与下雨天的实际情况来分析，摒弃思维惯性里的偏见，探究具体事件中的因果与细节，认为这完全是好人好事，不应对此说三道四。事件透出的热心、质朴、温情，才是我们更应该关注到并为之感动的，呼吁大家心里有阳光、眼里见美好，多一些公共理性，则生活会多一些和谐，社会也能多一些成熟。

表达这个不同的观点，并非是为大学生洗地，而是入情入理分析了事发的原因：出于保护学生的健康着想，下雨天不淋雨不湿脚，是防病的常识，与娇气与否没有关系，背人者也是出于举手之劳的考虑。经常有这样的报道，校园的保洁员、宿管员、食堂阿姨，对学生如自家孩子一样关心爱护，他们这样做，纯是发自内心的善良，我们对此当感动，从中看到人性与母性的光辉，而不是曲解。从生活的角度来诠释，有说服力，也能获得共鸣与理解。

别以个体遭遇涂抹群体悲情

广东省人民医院口腔科主任医师陈仲伟，在家中被一名男子砍成重伤后去世，男子也跳楼身亡。医院通报称，行凶者曾来纠缠，表示1991年找陈仲伟做过口腔手术，现牙齿变色要求赔偿。(5月9日《每日经济新闻》)

一夜之间，网上都是《为医生说句公道话》的刷屏，“这30多刀砍在你我身上”之类。不久前，一名叫魏则西的病人医治无效，网上到处是讨伐黑心搜索与无德医院的，“谁人不是魏则西”，充满着患者的悲情。这次医生被砍，舆论又翻转了过来，医生变成了受害者一方，需要悲悯与同情。

我想说，无论是病逝的患者魏则西，还是被砍身亡的医生陈仲伟，肯定都是不幸的，是彻头彻尾的悲剧。但也都是极端的个案，不必将个体遭遇涂抹上群体性的悲情，不必因此放大患者或医生的不堪处境。

这样的情形毕竟是个别，试想，有多少患者会为了一颗牙的变色而挥刀？作为烤瓷牙的佩戴者，笔者遭遇过多次崩瓷、折断、破裂这样的损坏，每次都或是掏钱重镶了事，或是只能报废拔掉。虽然不甘心，却也不会想着拿医生出气。烤瓷牙的材料、医生的技术、患者的牙质与使用习惯，都会影响烤瓷牙的寿命，怪哪一方都没用。我相信，大多数患者都是我这样的理性思维，不会去倔强地较真。大多数患者看病是顺利的，该治的能治，大多数医生也能正常履责，不用随时逃跑。紧张忙碌又平平常常，这是医院以及其他行业的共同常态。

这两起意外，是医患关系这枚硬币的两面，放大任何一方的弱势情结，都不符实际现状，也无必要。平心而论，这样的事或有一定代表性，足够反思审视悲剧的原因，以理顺一个更好的医疗秩序，让医患双方都能安心接诊就诊，彼此都不必担心受伤害，也能避免受伤害。这是相关方面需要努力改变的地方，一定要避免医生因创收的压力，成了无意中加害患者的一方，反过来又成了被报复与受害的对象。

作为公众，则大可不必受那些煽情文章的蛊惑。很简单，绝不可能因为出了一个马加爵，就提防所有的同学；也不可能因为个别禽兽教师，就失去对这个群体的尊敬。因个体遭遇草率地标签化某个群体，是网络炒作之下的坏毛病，我们的正常思维不必被这种情绪所误导。

（2016 年 5 月 9 日红网）

评后语

一个人出事，就将一个群体标签化，污名化，是一种以偏概全的网络病。如何驳斥这种荒谬呢？我运用医卫行业的正反两个例子：患者出事，医生是魔鬼；医生被砍，患者又是魔鬼；如此角色易位，足以说明所谓的强势与弱势都是相对的，被仇视与同情，也是可以转换的，并没有绝对的一成不变。

由医生被砍，想到患者之死，以及两起相近发生的事件来表达观点，正好相互佐证，说服力强。旗帜鲜明地提出反对这种连坐式的妖魔化，有利于大家正确认识社会现象，有利于社会和谐。

□要习惯“以克论净”式的精细管理

一段“西安马路扫灰称重：1 平方米尘土不得超 5 克”的视频走红网络，被网友戏称“史上最精细考核”。西安市有关方面回应，城市街道“以克论净”考核标准已执行一年有余，这类检查主要针对机械清扫作业，不会因此对环卫工进行扣罚等处罚。(5 月 17 日《北京青年报》)

据介绍，“以克论净”是为了让路面清洁检查更加标准化。“之前都是肉眼检查，太主观了。”在制定“以克论净”标准之前，做了实地调研，可行性是有保障的。目前大部分监测地区都达标，即使不达标也只是需要调整机械清洁的频率和时长，不与环卫工人的绩效考核挂钩。

“以克论净”并非西安的首创，在多个地方都有执行。宁夏中卫市副市长蔡菊日前就向外界介绍了当地“以克论净”的经验，她说，“以克论净”是一种环卫保洁模式，经过 6 年多的不断实践，形成了一种独特的文化，这种模式之所以能达到超预期的效果，是因为至精至细的工匠精神和管理理念。

“以克论净”多次引发网友质疑，有人认为很难操作，有过于苛刻之嫌，容易沦为形式；或加重环卫工人负担，劳动强度和工资不成正比，是形式大于内容的作秀。这种担心有一定道理，却也忽视了其积极一面，即目标的精细化管理，其实更显科学性。

无论是西安还是中卫的实践，已验证了“以克论净”的可行性，重庆对主干道扬尘控制的标准，也已从每平方米 5 克下降至 3 克。正如治理空气污染、水污染，都有个量化的指标来衡量，而不是以目测为准，对大街的清洁度，以量化指标来考核，也就算不上过分，用数据说话，更能说明问题。

正如宁夏中卫方面所言，“以克论净”倡导的更是一种工匠精神与环卫文化，道路浮尘每平方米不超过5克、地面垃圾停留时间不超过5分钟，经过实践后作为一种环保理念深入人心。在中卫，如果街上有一团纸、一个塑料瓶，行人马上就会捡起来，无论组织多大规模的群众性活动，等到活动结束人群散去时，几乎不会留下塑料垃圾。我想，这才是推广“以克论净”所要达到的效果，是一种境界，一种追求，而不是具体数字的形式本身。

住建部在肯定中卫经验时，也指出我国城市环卫保洁整体落后的状态并未改变，“脏乱差”现象还普遍存在，不能再单纯依靠传统的、粗放的清洁方式，需要转变思路。好环境的确是管理出来，“以克论净”实是一种目标管理，不妨习惯这种量化管理，而不是以老观念来说三道四。

（2018年5月18日红网）

评后语

“马路扫灰称重：1平方米尘土不得超5克”，这种“以克论净”的考核模式，近年来在多个城市推行，也引起外界议论，认为对环卫工的工作要求太苛刻，不近人情。其实，细细推敲就发现，这个考核是比较科学的，事先有摸底测底，只要是正常清扫，就能达到要求，有的街面的清洁度，甚至已达到1平方米尘土不超3克的水准。

平常，一些人总是慨叹国外城市的宜居，走在街上，多少天都不用擦皮鞋，而在国内，一上街回家，鞋面上都是灰。如今马路“以克论净”，却又认为过于苛求，这其实是观念上没有转变，以为“眼不见为净”，习惯了过去的那种粗放式管理，只要肉眼看不到杂物，就行了。殊不知，“以克论净”是精细化管理的必然要求，也是时代发展的必然要求。

对“以克论净”，我是支持的，这个支持有理有据，耐心摆事实，讲道理，这就是一种求真思维。不跟着外界的议论带节奏，而是实事求是地表达真知灼见，只要认为是合理的，就大胆支持。

□帮受困者想办法应优于行政执法

在北京通州区白庙村的一个院落，有一群尿毒症患者自发形成的“自助透析部落”。最近因北京媒体的介入，其命运引起社会的广泛关注。

有好心人送来捐款，让他们感到温暖；随后有职能部门来调查，让他们感到不安。

据报道，北京市卫生部门实地探访后，认定医疗点“属非法行为”，因此要“取缔禁止”。

这实际是一次执法行动，虽然“突破了以往公事公办的模式化处理，体现了人性化原则”，那就是考虑到直接取缔可能会危及患者生命，可免费提供一至两次透析机会，但是，“透析是一辈子的事。免费一两次，管什么用啊?”

自助透析于法不符，也有危险，然而，对尿毒症患者来说，医院高昂的透析费让他们只得出此下策，“用穷人能想到的办法活下去”。

这是一种无奈的违规。在生命的权利与尊严面前，法律能否在此叫个“暂停”？因为这种抱团取暖的活法，在替自己寻求绝境中突围的同时，从某个方面来说也是在替社会解围，并没有危及他人。

笔者以为，给这群人想个办法，应优于行政执法。要不然，就如患者所言，“把我们送回老家，没人管，还不是死?”治标不治本的执法毫无意义。

据报道，这里曾聚集了17个人。去年8月，河北三河市为辖区内的尿毒症患者提供了优惠政策。病友潘学峰说：“像我这种农村低保户，每星期可以免费透析两次，由政府出资，基本可以满足需求。”于是，来自三河的患者就离开了。

可见，办法总是有的，对这种尴尬的处境是有破解之道的，医保与其他措施，对大病重病患者也是可以惠及的。

对身处困境的人，我们需要的是理解、宽容，是读懂，是帮陷入困境者想办法。

在此想起武汉的那场“禁麻”行动（禁止三轮车上街载客运营），因政府事先帮车主找到替代就业岗位与资金补偿，让看似不可能完成的任务顺利完成了。先有办法再执法，就从根本上解决了问题，也就避免了不良现象的日后卷土重来。

“我们不怕等，就怕等不起。”这是病人的殷切期望。让病有所医，是政府部门的责任。若让医保普惠的阳光遍洒各地各类患病群体，这种自助透析，自会不驱自散。

以办法来替代执法，才是更好地维护法律的尊严。

（2009 年 4 月 1 日《楚天都市报》）

评后语

“自助透析部落”是底层尿毒症患者的一种自救举措，很无奈，又符合他们的生存需求。面对这样的一个灰色地带，放任不管，似乎是纵容违规，而“取缔禁止”，驱散了之，这部分群体的生存又会很困难。写作此文时，我的观点是以办法来代替执法，帮尿毒症患者多想办法，比简单的执法更能体现人性的温情，也是从根本上解决问题。而这个办法是有先例有样本的，比如河北三河市为辖区内的尿毒症患者提供了优惠政策，来自三河的患者就离开了，不用你执法，问题就自动消失了。

本文表达的是一个建设性的意见，也有可行性，这种求真务实，比简单的批评质疑，更能推动问题的实质性解决。

□城管改革不能自我矮化

北京市城管执法局局长已确定由公安局治安总队长兼任，副局长王连峰表示："目前城管执法局由市政市容委代管，可能近期将调整，体制上会有很大变化，可能要由公安代管，但不是纳入公安队伍。"（7 月 28 日《新京报》）

有关城管的争议由来已久，如何改变城管的形象，取得社会的认同，各地近年来都做了一些尝试。比如设立女子城管队，招聘大学生提高队伍素质，练习太极拳，对摊贩实行围而不攻的瞪眼睛柔性执法；或是与公安联手，在城管部门派驻民警协助执法。一言蔽之，都是些软硬兼施的一套，不是"文攻"，就是"武治"，万变不离其宗。北京城管由公安代管，也在此思路之内。

城管屡被诟病，无非屡禁不止的打人事件与社会文明格格不入，其实，城管与小贩对抗的思维定式本来就不必有。各地关于城管的定位，原本是个立体的全面性城市服务工作，即便就执法而言，网上公布的北京城管处罚权也涉及多达 13 个方面：市容环境卫生管理、市政管理、公用事业管理、城市节水管理、园林绿化管理、环境保护管理、城市河湖管理、施工现场管理等。这些都是与城市发展息息相关的大范畴，而整治"出店经营、乱摆卖、当街洗车、露天夜市"不过是城管十几项具体工作的一小项。

不断有人建议取消城管这一特色机构，认为城管的"小职责"演化成了

“大权力”，造成祸乱之源。其实，综上所述，城管肩负着“大职责”反倒是显而易见的，不过因与小贩之间的冲突给演化成或者说是展现成了“小权力”。

今年初，武汉市明确提出“大城管”概念，组建城市综合管理委员会（城管委），由市长挂帅，组成人员包括城管、交管、建设、环保、水务等部门一把手、以及各区区长，管理范围涉及环境卫生、建筑渣土、市政公用设施、湖泊水域环境、窗口地区环境秩序等多项内容。

这可谓回到城市管理的本源，城管本来就姓“大”，实在不应纠缠沉迷于与商贩玩猫捉老鼠的琐务。所以，城管改革不能老围着如何对付小贩的“文攻武治”来打转，那样实是自我矮化之举，舍本逐末，把自己的格局搞小了。

让城管的职能回归服务城市民生的本位，跳出街头执法的泥沼，还在于要以服务为核心理念，将头上的这个管字去掉。把自己当成服务者，而不是管理者，就不会凌驾于众生之上，就会减少诸多对立的因素，少一些恃强欺人的恶行。

因此，城管的问题不是归谁管的问题，而是管什么、怎么管的问题。体制固然是一个因素，认清职责，强化服务的理念更是根本。若老想着罚款执法，抱着这样的“管”念不放，城管再怎么改革，也难有出息，不会显得清新可人。

（2010年7月29日《华西都市报》）

评后语

城管这一特色机构，一直饱受舆论关注，由于城管与小贩的矛盾突出，那些极端个案给人的感觉是城管的“小职责”演化成了“大权力”。写作此文时，我认真查阅了多个城市关于城管的定位，发现社会对“城管”一词是有误解的。城管者，管理城市之责也，其涵盖的工作范围涉及多项内容，原本是有大格局大视野的，如果呈现给外界的总是与小贩的纠结，实是将自己的身份降低了，搞成了“小权力”。所以，我提出，城管本姓“大”，本是“大城管”，不能改来改去，将格局改小了。

让城管的职能回归服务城市民生的本位，跳出街头执法的泥沼，也是回归城管的本源，可谓是“不忘初心”。这个观点的提出，也是对城管职能的正本清源，认准定位，指明方向，有利于拨开外界的迷雾，对城管有个正确的认识。

□让领导下井是求同生不是共死

国务院7日就安全生产做出多项要求，其中一条是企业领导要轮流现场带班，煤矿和非煤矿山要有矿领导带班并与工人同时下井、升井。（7月8日《广州日报》）

让矿山领导与工人一道下井，是多次矿难后网友的强烈呼声与建议，初衷是将领导的人身安全与矿工捆绑在一起，结成命运共同体，以“己不愿死，勿施于人”的同心，高度重视安全生产问题，避免灾难的发生。因此，让领导下井是要从程序上求得一个与矿工在安全作业环境中同生的结果，而不是要共赴矿难“同归于尽”。领导下井的规定，书写着危险面前一视同仁的公平，彰显对矿工制度层面上的人性关怀，不应以“幸灾乐祸”的悲壮心态视之。

其实，矿难可防可控，并非那么可怕。在美国、英国和日本等国家中，采矿业甚至是最安全的行业之一。统计表明，1997～1999年间，美国各行业事故死亡人数所占比重前5位的依次为建筑业（20%）、运输业（17%）、农林渔业（13%）、制造业（12%）、卡车与仓储业（10%）；采矿业的比重仅为2%。英国则创造了数年矿工人数零死亡的奇迹，“2005年为零，2004年为零，2003年为零，2002年为零……”

安全源于严格管理与严密防范。英国就有“领导下井”的相关规定，每个作业时段井下须有一个副经理负责现场管理，否则，玩忽职守就要入狱服刑；总经理可以不下井，但每天24小时须将安全作为首要职责。美国各地的联邦安全监察员，每2年必须轮换对调，不得与煤矿有任何隶属关系；未按要求培训的矿工则被视为一种危险，不得上岗。

相反，我国的一些矿井中，安监员形同虚设，领导对安全隐患麻痹大意，矿工缺乏起码的安全知识，往往促成了灾难的发生。王家岭透水事故中，这些问题都有集中的暴露：20101 工作面回风巷多次发现巷道积水，但一直未能采取有效措施消除隐患；受困人员竟然90%不会用自救器。

因此，领导下井，体现的是对安全生产更加重视的姿态，目的是通过这种硬杠杆，进一步将安全观念与安全措施带到井下，不是要置领导于险境之中。

领导下井的意义也就在于，以身体力行尊重每一位矿工的生命权，以手中可以调动的资源尽最大可能保证井下安全。为让安全制度落到实处，首先是领导下井不能流于形式，而且要保证一定级别的领导下井才行，还要保证下井领导本身要有丰富的井下工作经验，以避免在安全问题上“外行领导内行”，导致误判或处置不力而铸成大错。下井的领导应是敬业的安全监理，须从小处着手、大处着眼，设身处地地为井下作业提供安全保障，而不是做做样子，甚至异化成抓任务、促进度的生产“监军”。

国家安监总局副局长赵铁锤曾表示，要在全国煤矿建立完善监测监控、人员定位、供水施救等井下安全避险六大系统。希望以领导下井为契机，将这六大系统尽早完善，从安全措施上保证领导与矿工下得去都能上得来。如此，领导下井才会不虚此行。

（2010 年 7 月 9 日《中国青年报》）

评后语

一段时间以来，由于矿难频发，国务院就安全生产做出多项要求，包括带班领导与工人一道下井的规定，有网友以“幸灾乐祸”的心态，以为这下平等了，要出事就一起玩完。我通过查找资料发现，国外早就有领导下井的规定，旨在于给井下多一分安全保障，于是郑重提出，这项新规是为了增加生存的系数，不是为了让谁去赴死赴难。

这个角度，可谓一题胜千言，既有事实做支撑，对那些风言风语是有力的澄清，起到良好的舆论导向作用，又说清了领导下井的真谛，阐明此举的实际意义。这种声音，就是负责任的声音，有利于增强各方对领导下井的正确认识，包括带班领导也不要抵触，而是要扑下身子真抓实干保安全生产。

多年过去，再看这个观点，确实是用心良苦。而我国也多年未见大的矿难发生，也许领导下井这种同生共死的命运共同体，让大家心往一处想，力往一处使，对安全生产的保障确实收到了成效。此文入选《中国青年报·青年话题书系·今日头条》。

□别无原则放大敲诈反腐的意义

湖南麻阳县委书记胡佳武办公室被3名下属装了摄像头，监视达半年之久，终拍到一乡镇负责人“行贿”1万元等资料。3人拿着光盘让县委书记看着办时，被报警而落入法网。(1月31日《京华时报》)

有人呼吁，别忙着法办偷拍者，先查查光盘有何内容，看胡佳武经不经得起检验。意外造成多名重庆官员落马的赵红霞，因“不雅视频案”被批捕，有人也是呼吁，把贪腐办了，再查幕后不迟。

反腐败是人心所向，要说社会共识，反腐绝对是其中一条。这也是每一次小偷反腐、情妇反腐、同僚内讧反腐、下属举报反腐等戏剧性的反腐总被人叫好的原因，乃至敲诈要挟反腐、钓鱼式反腐也引来欢呼，反正不管什么方式，能反到腐败就行。此种吊诡，一方面反映出大家对腐败分子的深恶痛绝，另一方面也是反腐的大道不彰，群众的反腐期待得不到充分满足，只能从这些旁门左道的反腐中寻找慰藉，看一下热闹。

不管是敲诈案还是盗窃案，若暴露出反腐线索，肯定不能放过，但也要看到，反腐不能靠这些不合法的途径与手段。无论偷拍窃听者是何动机，是为了要挟官员获得经济利益，还是为了个人升迁，这种方式本身是不光彩的，非正义的。不能因为某个官员有污点、有把柄落在他人手上，就忽略了偷拍窃听的于法不容。

通过偷拍录音来要挟官员以获取好处，其本质跟向官员行贿以拉关系套近乎是一样的，行贿者通过满足官员的私欲，让官员在心情愉悦或是拿人手短中做出违规之事，从而达到个人目的；偷拍者则通过捏有官员的把柄，逼官员就范。二者都不是为了反腐，只是为了个人私利。即便因偷拍的证据拉下官员，也不具有道义上的正当性，就跟行贿者事后向相关部门举报证据一样，主观愿望并不美好。行贿与偷拍的共同点，都是为了让官员为己所用，或心甘情愿，或不甘情愿，一个是软办法，一个是硬举措，本质都是挟官员以谋私利，都是在助长腐败。反过来想，如果胡佳武底气不足，拿到光盘后心虚，满足了 3 名下属的不正当要求，以后任凭摆布，或给钱或给官，是不是违纪违规？

因此，不应没有原则地放大敲诈反腐的意义，盲目地给这些涉案者套上反腐光环。如炅有人想从中受到启发，如麻阳县这 3 名偷拍者一样，只会弄巧成拙，自食其果。

对上级要不要监督？当然要。官员的办公室能不能装摄像头？也不是不可以。不过，要以光明正大的方式，比如，由纪检部门统一安装。反腐重在制度建设，让官员不敢贪不能贪。官员的腐败，一在用人，二在工程。如果用人经过民主程序，工程审批公开透明，官员一个人不能说了算，投机钻营没用，关系背后没门，权力置于阳光之下，偷拍录音将失去作用，也不会有这些纷纷扰扰。

（2013 年 2 月 1 日《中国青年报》）

评后语

对于偷拍敲诈式反腐，有网友是叫好的，以为敲诈的是贪官，是“侠”义之举，没毛病。社会上有种思维，只要是针对贪官，怎么做都可以，不择手段也行，这是没有法治观念的表现。再说，敲诈反腐的实质是满足犯罪分子的私欲，并非为了公平正义，没有任何的正当性与道义可言。

我对敲诈反腐不苟同，是以法治精神，在众声喧哗中保持一份清醒，这也是负责任的声音。因为用违法的手段对付任何人，都是在违法，不可以鼓励。

□裙子虽短何妨爱心的悠长

陕西宝鸡市岐山县蒲村镇统一发放残疾人福利时，鲁家庄村年过七旬的孙老先生领到了超短裙和超短裤。消息传开，舆论哗然，镇政府顶不住了，承认工作失误。(1 月 5 日《新京报》)

好心办错事，或莫过于此，导致这个大冷天里，一条夏天的超短裙火爆了网络，惹来众议汹汹，诸如“超短裙暴露扶贫之短”“超短裙能温暖一个冬天吗”，嘲笑扶贫不精准。笔者想说，裙子虽短，却足够遮住不悦，其爱心也足够悠长。

不妨先看清楚新闻事实，本次衣物系上海某公司捐赠，并非政府的寒冬救济，更与扶贫扯不上关系，只是一次献爱心。也许此公司的员工多为女性或是做女装生意的，反正捐赠的衣服大多为女装。这并没有错，献爱心有钱出钱有物出物，没有成规，冬天将清理出来的夏衣捐出很正常。当地发放捐赠品时也做了明确说明，本人不能穿的，其家庭成员可以使用。

这已够清楚明白了吧，千里送鹅毛，礼轻人意重。即便平常人情来往，收到不合用的，也得感谢人家好心，这是最基本的道理。哪有因人家善意送的东西不合意就风言风语的道理。

裙子暴露的不是送温暖短板，恰恰是网络时代的浮躁与功利之短。为了短平快的眼球效应，一些网媒和网友失去了分辨的耐心与能力，常不加思索就盲目转发信息或大发议论，不具体情况具体分析。而误读事件的结果就是误导舆论，造成当事人的困扰。

作家杨绛说，年轻时以为不读书不足以了解人生，直到后来才发现如果不了解人生，是读不懂书的。这话对读新闻是一样的适用，只有从生活实际去读，才不会误读。

（2016 年 1 月 6 日《楚天都市报》）

评后语

这是一篇力排众议的良心之作。常有这样的报道：献爱心捐出的物资，收到的人感到不实用，于是质疑爱心的诚意，认为是忽悠，或是一种形式主义在作怪。此事也一样，冬天收到超短裙和超短裤，岂不是搞笑？

我以为，不能这样看待爱心，人家将不用的衣服捐出，诚意不用怀疑，即便我们平常收到亲友的馈赠，也未必合意，不可因此不满。心怀谢意，才是以友善对待友善的正确态度。敢于为短裙辩护，也是在呵护爱心，维护社会公正。

□医生"高调"旁人何须眼红

近日，一条医生高调"炫富"的微博火了，在网上晒出新买的1万多元一件的羽绒服，惹来热议。对此，该医生毫不畏争议，称自己年收入上百万元。(12月6日《成都商报》)

该医生是成都某三甲医院泌尿外科副主任医师，每年在医院的收入可达20万元，线上线下的咨询收入也有这个数，加上与朋友开公司及其他所得，挣有百万元之多。他每年买衣要花20万元，并进出各种餐饮娱乐场所，真是能挣会花。我佩服他坦诚的勇气。财不露白是古训，一些比他还有成就的医生在网上哭穷，他居然不装。

这名高调的医生显然会让一些人不自在，即便薪水是医院给的，也是从患者那儿赚的啊。我以为，破解看病贵与保障医生收入并不矛盾，只要是合乎规定的所得，大可不必眼红。他不是医疗行业金字塔尖上的，也不是底层的，通过多年奋斗，有一技之长，能获取体面收入，过上富足生活，很正常。

医生获得高收入并不可耻，不必讳言。医而优则收入高，能吸引优秀人才从业，更好地为患者服务。正当劳动就有丰厚报酬，便不会在乎红包与大处方等"旁门左道"，有益于医患关系。

这名医生，如不是党员干部，追求品质生活，看客不妨宽容些。他经过汶川地震现场洗礼，又目睹父亲大病后的衰老，心态变化，从节俭度日变为享受生活，只是个人生活观念转变，谈不上多出格。从社会大风气考量，我们当然反对浪费与炫富，但我更愿将他看作一个有血有肉的人，有自己的欲望与满足，有自己的追求与慰藉。当然，如果他堕入纸醉金迷不能自拔，亦可提醒一句：莫入歧途。

只是，他代表不了医生群体，他只是他自己。各行各业都有这种角色，赚得饱满，活得高调。大多数网友也认为对其不必苛责，体现了社会的宽容与清醒。

网上有各种晒，只要不是郭美美那种，只要是自己的干净所得，那就晒吧。有东西可晒，说明大家都过得好，我愿乐观其成。

（2016 年 12 月 8 日《楚天都市报》）

评后语

网络时代，有教师在网上讲课收入不菲，也有医生赚了大钱成为网红，外界多有议论。我以为，这是知识付费的时代，知识变现只要合法合规，就无可厚非，不必眼红。

如此力排众议，就是要表达正确的金钱观，人家能挣会花，是本事，也是个人行为，不能强求他人都低调。引导舆论积极看待社会与个体财富的增长，以及消费的升级，有利于鼓励正当的致富行为。

□救护车收费别拿道德混淆规则

12 月 11 日，四川夹江县一辆救护车在高速收费站被拦停。驾驶员和收费员就是否应该缴纳 12 元过路费各执一词，导致救护车停车 24 分钟。（12 月 19 日《人民日报》）

事情被曝光后，救护车所属医院负责人回应，救护车停车与收费站理论确实不妥，已对当事司机进行批评教育。该负责人呼吁，救护车承担的是紧急救人任务，具有较强的公益性，应当免费放行，为挽救生命争取时间。

这个回应有点意思，先是承认己方不仁，然后又指责对方不义，以道德的帽子护住违反规则之短，很能迷惑人。

这起纠纷并不复杂，《公路法》《收费公路管理条例》等明确规定，120 救护车不再享受通行费可减免之列。那么，一卡当前，自觉缴费，当是二话没得说。何以停车理论 24 分钟之久？既知救护车有救死扶伤之责，赢得抢救时间就是守护生命，怎还有心思与人扯皮？

正如红绿灯面前，救护车没有例外，遇有急救事宜，给予一路绿灯是以人为本，有情操作；不予通融也是题中之义，不能以道义来迫使规则让路。有网友就一针见血，救护车既然有公益性，对患者却又没少收费。以子之矛攻己之盾，谁厉害？

此种纠纷，反映出一些人的潜意识中，总想钻空子，有规不依，有令不行。今年 3 月 8 日晚，江西省上饶市委某干部强行硬闯高铁火车站检票口，还殴打两名工作人员。这跟高速上强行冲岗的情形类似，就是想网开一面搞特殊化。救护车在收费站前想赖费的事一再发生，并不表明就有道德上的优势，就可法不责众，如果大家都想硬闯检票口，难道是检票制度错了？

高速公路对救护车要不要免费，当然可以探讨，但在现行法律没修订前，还请照章行事。有时候，大家缺的并不是那12元过路费，而是遵守规则的意识，敬畏规则才是最珍贵的道义。

（2016年12月20日《楚天都市报》）

评后语

经常有救护车为交过路费的事，与收费站僵持，一些舆论总爱为救护车帮腔，认为急救事大，应免费放行。我以为，在现行规定中，既然没有对救护车免费的条款，那么，先请照章办事为好。要不然，与特权车有何区别？如果要免费，那也是在修改规则之后，在规则面前，请别以道德来架空。正如有机动车为救人闯了红灯，不罚是有情操作，依规扣分也是理所当然，并没有声讨的余地。

我一向认为，评论要讲道理，这个道理来自政策、法律法规与公序良俗，而不是谁弱谁有理。以道德来绑架规则，未必就显得合适，如果道德诉求的获益，比违背规则要大，那也不妨考虑。比如冲岗或闯红绿灯能救人一命，这时豁免责任，大家就都会理解。如果道德诉求的后果是坏了规则，又没什么收益，就不会得到理解。比如为上班不迟到需要冲岗与闯红灯，会受到指责，因为破坏规则是侵犯了公共利益，也可能危及他人安全。

在规则与道德的权衡中，要以公共利益与社会感受为考量，并不是一成不变地就该谁让谁。

□莫因同情陷入“出事就要赔”误区

2月27日晚，天津市南开区大悦城商场内，两名幼童从4楼坠落，不幸身亡。具体原因仍在进一步调查中。(3月1日《新京报》)

由于遭遇意外的是两个孩子，此事在网上引起较大关注，要不要追究家长或是商场的责任，争论不休。这起悲剧发生后，孩子家长受到舆论压力，有怪孩子的母亲不该离开身边的；有怪做父亲的安全意识淡薄的；也有认为商场的护栏还不够高，存有安全隐患的。任何这类的反思，都可以理解，毕竟两个年幼的生命就这样丢失了，令人痛心。

至于说要追究父亲的过失杀人罪，或商场的侵权责任，我以为，不妨就事论事，待事情调查清楚后，回到理性的层次。任何情绪激动下的诉求，并不能真正解决问题。

在此想说的是，出了事总要有人负责，反正人不能白死，这种“恻隐之心”思维往往影响了事情的处理。无限追责，容易陷入“责任误区”。比如，人在哪里出事，哪里就要承担责任。游客违规进入野生动物园，要怪园方管理不周；行人摔倒在路上，要怪路面维护不力。本着同情弱者，或是出于人道主义考虑，事发地相关方往往赔钱了事。

多年前，合肥市瑶海区一农妇骑车去赶集，路遇本村一老人，便带她一程，不料途中老人从电动车上摔下身亡。农妇愧疚，主动提出赔偿，死者家属坚称她是出于好意帮助老人，拒收任何赔偿。这事被广为传颂，只因纯朴的民风中，那种对情理法的合理拿捏，并没有得理不饶人，去无限伸张自己的权利。

回到天津这起儿童坠亡事件，也许孩子父亲该负一定的法律责任，也许商场也会尽人道主义的帮助之责，我想，善后工作中最关键的是彻底反思，从中吸取教训。平时敬畏生命，善待生命，比任何事后的索赔更有意义。

（2017 年 3 月 2 日《楚天都市报》）

评后语

两名幼童从商场 4 楼坠落，网上众说纷纭。我以为，此事应就事论事，不能陷于出了事就要找个下家担责的老套路。在哪个地方出事，哪个地方就要担责，实是一种谁弱谁有理的无限追责，并不是对公平正义的维护。就事论事，防止追责扩大化，实是纠正不良的社会风气，有利于社会的和谐，评论就是要敢于担道义说真话。

□长安的烟云在历史里望望就好

近日，知名报人李辉在微信上发表《徽州，归来吧!》一文，呼吁恢复“徽州”之名，引发地名的口水之争，有人顺势提出，将西安改回长安。

李辉是资深的文化记者，多次为地名呼吁。1994 年 10 月，荆州与沙市合并为荆沙市，李辉发表《可惜从此失荆州》。两年后，荆州市恢复。2001 年 10 月，李辉又发表《襄樊何不称襄阳》，使得襄樊更名成为全国性议题。

有关地名的讨论，从未停歇，改来改去，图的是个名，但很少有人想过，为什么非得改，以及要付出的成本。

有些地名，承载着厚重历史，新地名无论是从内涵还是外延，都略输一筹，只是图眼前的风光或时髦。比如，由于旅游的兴起，徽州改称黄山，有人觉得可惜，没了徽州，安徽怎么来的都不知道，幸有安庆还保留着这一提示符。前几年，电影《阿凡达》爆红，张家界将“南天一柱”更名为“哈利路亚山”，东施效颦，也有人视为笑谈。还有嫌石家庄土气的，只是个村名，要去之而后快。

这种为名而改，功利性强，根本违背地名的原本含义。原来的湖北蒲圻，改称赤壁，不过借三国热，争赤壁地名，但争到手后，城市该如何发展还是如何发展，并没有沾到多少光。九江不叫庐山市，大家依然知道庐山在哪。徽州唤作黄山，对不起，我记下的只是山，而不是市。正如李辉所言，地名指着回家的路。地名其实重在地，而非名，其功能应是对地理位置的标注，知道是哪个地方就行了。大家怀念荆州、襄阳，因为这地名沿用千年之久，承载着代代相传的记忆，并非名气本身。有些地名，虽然不是高大上，也已约定俗成，不必再费心思。

城市的更名更非换个名头那么简单，大家的户口本、身份证，单位的公文，都得更换。有些更改，又未必有利于传播与记忆。改或不改，都不必跟风，如果说当初有些老地名改掉是一哄而上，如今也不必再一哄而上往回改，大家习惯了就行，翻来覆去干什么。长安固然在历史上久负盛名，但西安也行之有数百年矣，名闻中外，“西安事变”在历史更是厚重一笔，何必再改称“长安事变”？西北望长安，可怜无数山，长安的烟云在历史里望望就好，回到现实又有何益？难道洛阳要改作汴京，杭州再唤作临安？

地名之争须站在现实中回望历史，既要尊重历史，也要顺应现实，不必刻舟求剑，一概而论。比如武汉虽不是有着千年的历史名词，由武昌、汉口在新中国成立后合称而来，但经几十年建设，已成华中重地，向国家中心城市迈进，名闻四海，难不成非要找个古代名称附会上去，以显文化悠长？可惜，即便回头称作汉口，也是在明代兴起，如果硬要扯上商代的盘龙城，又有多少传播性？所以，地名的小船何必说翻就翻呢，改来改去，莫又成一些地方的政绩工程。

（2016 年 4 月 19 日红网）

评后语

某个时期，为了旅游，一些地方纷纷改名，后来又感到还是原来的老地名好，又纷纷改回去。无论是改成洋气一点还是改回土气一点，都是功利的角度，为了知名度与旅游效应，没有真诚可言。所以，我提出，那就不要改好了，名字只是个代号，劳民伤财干什么。世上本没有地名，叫的时间长了，就成了地名，那就让时间来沉淀名气好了。

写这篇文章，我是以现实来抵抗借历史改地名的功利主义。虽然将地名改回历史上的称谓，似乎显得有文化含量，有据可依，但现实中改一个地名，牵涉到大量的行政成本，并非易事。何况，当初是某些地方自弃历史传统，为拜金而改了名，如今又后悔，世上没这便宜的事吧。反反复复，本身就是短视，当然要反对。

□城市化的盛宴唯有以奋斗来共享

这个国庆长假的热点，除了各地景点的旅游新闻，就算广州杨箕村的万人盛宴了。10 月 2 日下午，毗邻广州珠江新城的杨箕村，为庆回迁入伙，摆了 1500 桌筵席，1 万多人参加了这场盛宴。(10 月 3 日《楚天都市报》)

这起大摆筵席的盛况，成了网上持续评说的话题。有人哀叹，村民坐地而肥，凭空拥有价值不菲的房产，让外来的众多打拼者相形见绌，甚至失去了奋斗的意义。也有评论指出，“城中村”拆迁致富的群体，不过以世代生存的土地民宅，换回相应的城市化红利，所得是天经地义，并没有对不起谁。

围绕“城中村”因改造而发家的这部分人，外界从来就不缺形形色色的眼光与议论，有钱了就成天打牌，似乎是他们的必然标签，对此的不平与鄙视挥之不散。其实，他们大多数所获得的，不过是纸面富贵，房子除了自住就是出租，并不能轻易变现。村民们普遍缺乏就业技能培训，除了房子，并没有更多的生活出路。所以，在网上有过“坐拥 66 套房还哭穷”的网帖，因为房子租不掉就没有收入；也有家族名下手握 100 套回迁房，还做月嫂谋生的。房子毕竟不能当饭吃，人活着，劳动才是充实与快乐之源。

杨箕村的盛宴引来众多围观，只因挠到了众多城市漂泊者的心灵之痒，成了借此浇各自块垒的对象。因为“城中村”是许多外来务工人员落脚的第一站，承载了众多青春飞扬的城市梦想，在这个高房价咄咄逼人的当下，昔日低矮杂乱的城中村摇身变为黄金地段的高楼大厦，让人仰望的不仅是那些一夜飞上云端的村民房东，还有自己遥不可及的安居梦。

没有一根尺子能量出杨箕村的所有长短，它的光鲜与繁华，也只是在外界的打量中。杨箕村的万人盛宴也只是一个故事，很快就会湮没在城市的光怪陆离与步履匆匆中，大家说说也就罢了。有了房子的村民们，生活仍将以各种方式继续，村外的围观者，该干吗仍须干吗去。

每一个身处城市的打拼者，存在的意义仍是继续奋斗，以自己的努力分享城市化进程的红利。这个红利，其实大家都在共享，只是得到的形式与途径不同，感受也不一样罢了。

（2016 年 10 月 08 日《楚天都市报》）

评后语

杨箕村之类城中村因拆迁而暴富，总是个让人眼热的话题，有人觉得这让再多的奋斗都失去意义。我以为，再多的房子，如果没有奋斗将失去生机，只是一堆砖头。

此文没有人云亦云，在高房价的现实中，须鼓励大家脚踏实地，不必望房兴叹，这是求真务实的做法，也是抚慰人心，起到了拨云见日的作用。

□油饼摊的故事得靠自己延续

“阿大”吴根存在上海市中心卖葱油饼已有30多年，因被BBC的美食节目报道过，小小的油饼摊成了网红，又因涉无证无照经营被停业。有人惋惜，有人愤慨，关于“阿大”葱油饼店该不该停业的话题在网上引起热议。(9月29日《广州日报》)

有舆论为它抱屈，城市里应容得下一个油饼摊，也有的不以为然，若为无证摊贩开绿灯，则损害了有证摊点的利益，并不公平。

“阿大”油饼摊确实是一个样本，映照着传统小生产者在现代化城市中的尴尬地位。“阿大”有着三套住房，以上海的高房价而言，价值不菲，但他又属于需要帮助的底层劳动者。因为房子是父母所留，他长期要照顾患病的双亲与弟弟，这都要钱，也要精力。如果不摆摊，正如一篇评论所言，失去奋斗，他再多的房产也是无家可归，变得没有意义。

他在自家楼下破墙开店，按相关规则是不可能办到证的；租房经营又太贵；替人打工收入低又心有不甘。这种窘况，不仅是阿大所面临的，也属于街头众多的油饼摊。只要愿意去打听，每个油饼摊的背后都有类似的故事，要养家糊口、抚老育幼，但又开不起店铺，只能在城管眼皮下四处游走。

管理部门不可能对阿大破例，这个不难理解。我也以为，网红标签不应是“阿大”葱油饼的护身符，老上海的味道也不是它可以无证经营的理由。小摊贩的饮食卫生与安全，不能靠过往的信誉来担保。如果去除网红的身份，“阿大”就是众多摊贩的普通一员，那些被人诟病的落后生产方式，不会因走红而消失。

决定油饼摊生死的其实不是管理部门的态度，而是市场选择。城市的确需要油饼摊，我多次在北京海淀的街头吃惊地看到，每天早晨，那些油饼摊就神奇地涌现在人行道上，众多赶着上班的人们，拿着油饼行色匆匆。然后，上班的人潮散去，油饼摊也撤退。街上，依旧是现代化的车来车往。虽然因城市还有众多的低收入者，油饼摊之类还有一定的市场，媒体也有理由抒情，城市应容得下一个油饼摊。但要看到的是，在人们的消费观念与健康意识不断提高的今天，城市的早点摊也悄悄店铺化规范化了，流动摊贩的空间已显逼仄。以前是政府部门用行政手段力推“放心早餐”，效果并不好，如今市场的力量已在自动洗牌，干净整洁的早点店，在街头随处可见。

虽然当地政府部门正在想办法，引导、支持“阿大”合法、合规经营。但众多的“阿大”们，还是要顺应市场竞争，用合适的方式去争得一席之地，比如进店经营，联合经营，出售技术或品牌。因为即便“阿大”被扶上路，同样要面对跟不上形势就会被抛离的后果。每个油饼摊的生存故事，得靠自己来努力支撑、延续。

（2016 年 9 月 30 日红网）

评后语

一个小小的油饼摊成了网红，却是无证经营，如何存续发展？各方见仁见智，有的觉得应该网开一面，有的认为可以进店经营。我以为，油饼摊靠管理部门高抬贵手不是办法，市场经济中，还是要靠市场来解决问题，适者生存，适应不了竞争就会被淘汰，这就是理性地表达不同的声音。

市场经济本是优胜劣汰，不相信眼泪，多少老字号品牌轰然倒下，也只能面对现实。对油饼摊，也就不必感情用事，抱些不切实际的幻想。以市场眼光来审视其命运，是从生活实际出发，这个观点是站得住脚的。

□给暴走团让路不等于纵容违规

青岛市八大峡广场东侧的几条马路，最近因夜间限行，让路给市民和“暴走团”，引发社会激烈讨论。目前，限行措施已经取消，警方增设人行道隔离措施，实现“人车分离”。(8 月28 日《新京报》)

显然，这是青岛交警部门面对社会舆情做出的纠偏动作，新规兼顾了各方利益与诉求，是一个妥协的折中方案。此前，因路段限行，被认为是迁就了“暴走团”违规占道，纵容了不法行为。

不妨理性看待问题，青岛为“暴走团”让的路，都是临海的断头路，机动车的使用率不大，夜间适时让出，有其决策的科学性。一些人之所以质疑，与个别“暴走团”占道导致的舆论风波有关。不久前，山东临沂因“暴走团”上路锻炼而酿发车祸事件、江苏南通公交司机因未给近百人“暴走团”及时让路而遭暴打，负面事例引发社会关注，普遍认为“暴走团”违规占道的行为不对，仗着人多势众横行无阻更无法治精神，少了对规则的敬畏，不应纵容迁就他们的简单粗暴，呼吁交警部门要加强执法，对违规上路行走的要进行教育处罚才是，岂能放任自流。

如今，青岛方面不仅不制止暴走团上路，反限行机动车，将道路拱手相让给暴走团，给人感觉是谁力量大就谁占上风。交警部门为了回避矛盾而以退让路权来息事宁人，此例一破，会助长暴走团侵占其他道路，引发新的矛盾。

其实，城市管理者正视这个问题，并想办法加以解决，是职责所系，谈不上纵容迁就。据了解，青岛市很多健身队伍是在体育场等地进行活动，八大峡广场附近的“暴走团”是受条件限制，才会在马路上“暴走”的。因此，不必把其他暴走团的无礼，算到青岛的暴走团身上，也不能说，将部分路段划给暴走团，就是无原则的让步。

也要看到的是，城市的中老年群体有健身的需求，而休闲场地缺乏，这是客观事实。同时，不少城市在公共空间建设上存在“重物轻人”的情况，重机动车道而轻非机动车道，自行车道缺失、人行道被停车位挤占，人车混行成了常态。暴走团上路有其无奈的一面，当然，他们在路上大摇大摆，无视《道路交通安全法》的规定，也是不对的。

这是一个问题的两个方面，一码归一码。一方面，政府部门要重视群众的健身需求，提供场地来疏导分流健身者，另一方面，对违规上路的也要果断加以劝导制止，让路与劝止上路并不冲突，如此双管齐下，才是解决问题之道，光堵不疏，或光疏不堵，都有失偏颇。

当今之世，一些城市的绿道建设方兴未艾，让城市生活慢下来，以满足群众的休闲健身需求，这是大势所趋。杭州市自 2011 年启动“三江两岸”绿道建设，从钱塘江沿富春江、新安江一直到上游的千岛湖，规划总长约 716 公里……而浙江更是雄心勃勃，到 2020 年将建成省域“万里绿道网”。正如步行街的设立一样，青岛将几条临海路限行让给暴走团，还路于民，让城市变得更宜居，并没有错。如果条件许可，干脆将其还原成只供行人通行的城市绿道也未尝不可。

（2017 年 8 月 31 日《楚天都市报》）

评后语

暴走团上路行走，几乎成了不守规则、不讲理的代名词。青岛方面将部分路权让给行人，被认为是纵容了违规。我则独持己见，特殊情况特殊分析，发现此处让路是符合当地实际的，那条路到了晚上机动车本来就很少。

而且，一些城市建设重物轻人，人行道是缺乏的，也该考虑群众的休闲出行需求。

“世人皆曰杀，我意独怜才”，表达不同于常人的观点，不是偏向暴走团，为他们代言，而是换位思考，以实事求是的思维，寻找社会的最大公约数。对社会上的不同利益诉求与歧见，需要的是维护共识，而不是撕裂或火上加油，这才是建设性与负责任的评论态度。

□我愿在校友捐赠的楼里喝咖啡

小米科技创始人雷军近日现身武汉大学，并向武大捐资建盖科技楼。

签约现场还有同属武大校友的陈东升、陈一舟。这三人是武大的传奇，也是湖北的骄傲，都是地道的“九头鸟”，成功的商界精英。

雷军在校期间就迷上了电脑，并在广埠屯科技一条街上混出了名堂，靠编程序掘了第一桶金。18 岁那年，他在武大图书馆翻到一本《硅谷之火》，看完后就问自己能不能像硅谷英雄一样，办一个影响世界的企业？最终他靠努力实现了梦想。

今天，武大校友圈遍传雷军捐款的消息，那些学弟学妹们完全可以拿雷军当榜样，长大后成为新的杰出校友。这并不是教人功利，雷军在 18 岁那年梦想成为硅谷英雄，他就做到了啊。

不久前，同学带我去感受了陈东升为武大捐赠的万林艺术博物馆。建筑以他父亲命名，外形是一块“飞来石”。据说，当年陈东升在离校前，跑到珞珈山一块石头上刻下了一个“始”字，寓意“千里之行，始于足下”。功成名就后，他把那块石头“搬”到了校园中心。这块石头形状的博物馆，纪念了他的父亲，同样也见证了梦想花开的励志。

这个博物馆因个人色彩过于鲜明，也有不同声音。但即便有争议，也是武大的“新地标”，为百年校园添加了时尚元素。我以为，年轻的学子们在博物馆楼顶上喝咖啡，绝对如我们当年在樱园漫步，是一样的经典记忆。新一代的孩子们，需要这样的场所流连校园时光。

目前在国内校友捐赠榜上，武大获捐数额，仅次于北大、清华。高校当然不能以此排座次，但我们也绝对乐见这样的数字。学术上耐得住寂寞与学校需要资金发展并不矛盾，任何学校都是教育投资的产物，对此当正确对待。

一段时期以来，一些高校确实热衷炫耀攀比培养了多少高官富商，晒着校友捐赠金额，以证明学校的优秀。过于沉迷此道，当然有失浮躁与浅薄，但鼓励学以致用、为社会多做贡献，也无可厚非。

我愿在校友捐赠的楼里喝咖啡，也愿意下一代在校友捐赠的楼里品读青春。杰出校友越多，社会肯定越进步。

（2016 年 10 月 23 日《楚天都市报》）

评后语

校友捐赠是个热门话题，也被认为是各高校攀比财富的庸俗之举。我则从中看到积极一面，社会发展了，经济充满活力，校友才有钱捐赠。而且，国外的一些高校，向社会募捐是筹集办学资金的重要一环。改革开放之初，逸夫楼是众多学校的标志性建筑，正是外部捐资促进了学校的建设与发展。因此，校友捐的多并非坏事，他们爱捐就捐吧，不必总是视钱财如粪土的拉仇恨。

具体到武汉大学的万林博物馆，虽是陈东升为纪念他父亲，也为纪念在武大上学的时光所捐建，但确实给校园带来了时尚气息。在万林博物馆的屋顶上喝咖啡，看夜空；与在樱园宿舍的楼顶上，在老图书馆前沉吟，是一样的富有诗意，也是学生时代难以磨灭的记忆。这是一处新的校园胜迹，时代总是会滚滚向前，不必活在一成不变的怀旧中。所以，我说愿意在校友捐赠的楼里喝咖啡，这不庸俗，而是一种美好。

第六辑

洞 见

这是一种纵深思维，求深是为了分析问题更深入透彻，不拘泥于事物的表象，积极向纵深拓展，在纷纷扰扰中拨云见日，看到事物真谛。

社会转型期，新闻事件层出不穷，背后掺杂有各种利益纠葛。大家站的方位不同，也会对同一个事物得出不同的结论，有不同的态度。作为评论工作者，冷静面对，不为表象所惑，独立思考，寻找其中真正的原因，离不开纵深思维的运用。

“纵深思维就是不满足于记录事物的表象，按照原思路往前再迈一步，刨根问底，从而发现更深层次更有价值的新闻内容。”（赵振宇：《新闻评论研究引论》，中国人民大学出版社 2011 年版）真正的好评论是在认识表象的基础上，深究表象下面的真实原态。这种原态是本质的原态，这种新闻的真实是本质的真实。纵深思维最突出的特征是有真知灼见。

新华社老社长郭超人在《在写作技巧的背后》一书中说：“什么样的人当不了记者，什么样的人能当记者，什么样的人才能当好记者？唯有大多数人想不到、做不到，而你能想到、做到，那么你就能当一个好记者。”他说，这话可能不太科学，却概括了自己从事记者工作 20 多年的深切感受和经验教训。对评论工作而言，也是如此，能想到大多数人想不到的问题与角度，才能写出好评论。

这在思维上，就是比常人多走一步乃至几步。纵深思维最常见的两种表现是：第一，在横向综合中发现事物内在联系的本质；第二，在纵向深入中挖掘事物的深层内涵。无论横向还是纵向，都是要比别人看得深一些。

比如，高考舞弊在某个时期到了疯狂的地步，从媒体暗访披露的几起舞弊事件来看，已形成多方人员参与的利益链，这已不仅是考生的道德问题，或是考风考纪问题，而是社会不正之风对高考的浸淫与投射，深入分析后就能发现，高考舞弊案背后有深刻的社会原因。写这样的评论，显然不能止于考生的个体素质这样的浅表批判，正如考生冒名顶替上大学一样，高考不公的背后是社会不公，只有多个环节腐败失守，才能合围形成这种侵犯他人利益的事。对此，当层层剥笋，追问每个参与作恶的因素，才能从根本上解决问题，保护每个考生的合法权益。

纵深思维能从一般人认为不值得一谈的小事，或无须再做进一步探讨的定论中，发现更深一层的被现象掩盖着的本质。这需要写作者有广博的知识、独到深远的眼光和一定的勇气。

比如，2015 年 11 月，网上突然有了华中科技大学“泼水节”的话题，有人认为“攻占”女生楼、互相泼水、堵门等行为是一种集体性骚扰；也有师生跳出来辩解，自称是欢乐祥和的，充分尊重了女生权利，没有任何强人所难与不敬之处；更有高论醍醐灌顶，校园人文环境的蛮荒与压抑，让理工宅男的面孔上写着笨拙与幼稚，可怜与可悲：因为大学里的性别隔离，即女生宿舍不许男生进，阻断了男女交往与相互了解，给欲望的饥渴升压，才有了狂欢下的宣泄。

一个“泼水节”，各执一词，还上纲上线，争得不可开交。这则新闻引起了我的注意，明明已经是 11 月，并非毕业离校的季节，怎么突然来了毕业时才有的“泼水节”？

我查阅资料发现，华科大“泼水节”始于 2006 年，后来于 2015 年取消了，当年并没有此类活动，这显然是旧闻，网络在炒剩饭。由此想到网络上为博眼球，经常推送低俗的过时社会新闻，让人以为是“新闻”，这实是行业陋习，违背新闻的职业操守。经此纵向与横向的拓展，我在写评论时，跳脱了舆论的争议点，不去讨论“泼水节”本身的是非曲直，而是批评挑起这个话题者的无聊，批评没有节操的新闻观无事生非，浪费各方口舌，这是为一己流量之私的可耻行为。

我这个观点显然与众不同，是唯一发现新闻背后真相的。通过纵深思维发现真相，在舆论场中，面对各方混战，这样的观点可以起到止息纷争的作用，对沸腾的舆情也可起到釜底抽薪的作用。正如一群人在吵架，不可开交之际，有人跳出来说，都别吵了，你们受了坏人的蒙蔽，事情不是这样的。于是，众人大悟，惭愧中纷纷退去。

纵深思维也是求真思维，比常人看得远看得深，也是负起引导舆论的责任，是评论工作者应有的理性。

□高考舞弊背后的三大社会病态

高考舞弊年年有，今年又出疯狂事。吉林松原一考生考卷被人抢走抄袭，家长投诉引起各方震惊。记者调查发现，此地抄袭舞弊成风，教师都参与其中，卖作弊器材获利 80 万元，监考老师也不敢太深管。

有考试就有舞弊，科举时代就是这样。无论官方是以德、以孝、以学识选拔人才，总有以作弊来钻空子的。这当然缘于“考”上之后的种种利益收获。一本万利，一劳永逸的事，自会有人铤而走险。

高考舞弊禁而不绝，近年来，在一些地方还愈演愈烈。疯狂的背后，实是社会病态的投射。

一是老实人吃亏，投机者得利的社会氛围。弄虚作假，投机取巧，漂浮作秀盛行，且屡屡得到奖赏，对合法守法，对循规蹈矩者是一种打击伤害。扭曲的价值观下，便是扭曲的病态行为与世风。都不按规则出牌，守规则的就要吃亏。反映在高考上，一些家长就是这种心态，只要能考上就光荣，啥招都可以。社会耻辱感的沦丧，唯利是图的光荣感，令高考这种神圣严肃的事，变得与菜市场一样喧嚣与随意。本不愿堕落的家长也有被迫接招，有家长就教孩子，“为了公平点，在场上你能抄就抄”“都抄的时候，你也得回头看看，别在那儿不动啊”。不钻营就要吃亏，在这种病态的氛围中，谁会愿意守住底线自命清高，那不是苕（傻，不知变通）吗？当按章行事等同于智力障碍者时，不随弊起舞都难，于是，集体的疯狂上演了。

二是政绩出官、数字出官的冲动驱使。众所周知，虽然政府一直倡导素质教育，但以升学率论成败，以升学率、考上重点大学的人数作为中学教育排行榜的指挥棒，作为招生的说帖，在一些地方确实存在。这跟大学以论文数论英雄催生论文造假一样，唯升学率论使得老师也好，学校也好，地方教育主管部门也好，以考上的人数越多越光荣，便会有意或无意地集体“帮忙”本地、本校多考上一些学生。对舞弊睁一只眼闭一只眼，甚至卷入其中。“老师要是看到抄，也当没看见，都是本地人，本地多出几个大学生不挺好吗?”于是考生普遍反映“监考不严”。

三是教育资源分配的不公与发展的不平衡。高考舞弊的重灾区，往往都是教育质量、教学水平相对落后的欠发达地区。松原就是三省交界的地方。这些地方因自身经济条件所限，能引来的师资力量也有限，加之长期以来政府对教育的投入不平衡，越是大城市，越是好学校，得到的照顾越多，一些重点中学的保送名额也多。面对高考招生在分数上的“一刀切”，教育不发达地区的考生与发达地区相比，明显不是一个级别档次。为了不输在分数的起跑线上，为了能从发达地区考生的包围中弑出重围，于是便以作弊来取得好成绩。

高考疯狂舞弊，除了考生的个体素质，更多的是社会不正之风，社会不公的投影。如果社会的大环境不能培育公平，不能彰显正义正气，治理高考舞弊是缘木求鱼，头痛医头，脚痛医脚，永远只会按下葫芦起了瓢。

（2009 年 6 月 11 日人民网）

评后语

高考舞弊，而且是集体性的舞弊，曾被媒体揭露过多起，参与的人员之众，涉及面之广，让人触目惊心，已成为一个社会问题，单纯就某个考生、考场或监考层面来剖析，已不能触到要害。应该说，这一问题的出现有着一定的社会背景，只有从其形成的土壤与环境入手，找到根源上的症结，才能从根本上抑制该现象的发生和蔓延，从而保证高考的公平和公正性。

本文运用纵深思维，从多个方面分析了高考舞弊出现的动因，没有止于表面，而是看到深层次的问题，有一定的力度。高考舞弊是社会不正之风的投射，是社会腐败与治理层面的失效，这样说并不为过。结合十八大后的大力反腐，如今再来审视当年群体性的高考舞弊行为，愈加证明了此文观点与分析的靠谱。整个社会风清气正了，高考不正之风也就收敛多了。

▯公款出国旅游应该谁批准谁负责

为明确政策界限，中纪委日前规定了 12 种公款出国旅游的违纪行为，对于组织者，情节严重的可给予开除党籍处分，参加者应责令其退赔用公款支付的各项费用。(6 月 30 日《中国青年报》)

公款出国（境）旅游历来为群众所诟病，耗费巨大又屡禁不止，一些官员在国外的奢华之举，甚至造成不良影响，贻笑国际。近年来，公款出国（境）旅游不断巧立名目，翻新花样，给治理带来新的困难。比如擅自延长在国外（境）的停留时间，绕道安排行程，虚列出国公务活动骗取审批等。一些单位为了规避审批，组织干部用因私护照公款出游；一些学会、协会为了牟利，长期充当旅游中介。这次对组织者扬起惩处利剑，或有利于从根子上遏制公款出国（境）旅游的策动力，然而，公款出国（境）旅游的滥觞，更与一些地方和部门审批把关不严监管不力有关，加强此方面的问责更有必要，尤其应该谁批准谁负责。

温州市瓯海区原区委书记谢再兴作案后曾申请出国考察，因条件不符未获批准，事后有领导为之庆幸。成功防住官员借机外逃乃得益于严格把关：今年 3 月中旬，瓯海区政府打报告要求由谢再兴带队到南非、埃及、阿联酋等国“经贸项目洽谈”，有关部门在审查中发现没有实质性的考察内容，决定拒批退回。

诸多公款出国（境）旅游其实都经不起这样的较真儿，庞家钰任宝鸡市委书记时，曾于2002年冬天率领6名情妇到南非“考察招商”；吉林省原煤炭工业局在2007年到2009年期间，曾先后分批组织51名干部公款出国旅游：邀请是买来的，护照是因私的，项目是编造的，审批是违规的，时间是超期的。

此类荒唐的出国出境游，如果据实从严审批，肯定过不了关。比如，“南非、埃及、阿联酋”一线实为热门旅游经典路线，公务考察哪有这么巧的？广州某单位就曾被网友曝出以“海洋油污及陆源污染问题调研”的名义沿着此线路旅游，被戏称为“到沙漠中考察海洋”，并指考察报告都是从网上东拼西凑的。

要发现公务考察是否属实并不难，从事先提交的内容项目、行程线路到事后的考察报告均可窥出端倪，或打个电话核实一下，再不济，在网上公示一下自有网友明察秋毫。不怕甄别不了，就怕彼此心照不宣，将此视作福利与理所当然的事，在睁一眼闭一眼中放任“考察”轮流转，大家利益均沾。

治理公款出国（境）旅游三令五申收不到实效，反过来说明不缺规定与制度，缺的不是执行，缺的是发现猫腻与漏洞的心眼。所以，不妨加大对审批环节的问责制，谁批准的谁负责，情节严重的要受党纪政纪处分。

（2010年7月1日《中国青年报》）

评后语

公款出国（境）旅游曾喧嚣于一时，耗费巨大又屡禁不止，一些官员在国外的奢华之举被传回国内后，常引发舆情，造成不良影响。本文提出从源头上治理泛滥的公款出境游，谁审批的谁负责，这个观点直指问题要害。从十八大后对官员出境的审批从严来看，本文观点是有超前性的，时间已证明其可行性，也已被实践所执行。

□忻州限价房这根胡萝卜是啥滋味

山西忻州世纪花苑小区1600套用于保障民生的限价，被分给了处级及以下干部，半数又被转卖。据测算，当地公务员从中牟利至少5000多万元。(4月20日《经济参考报》)

以前公务员染指保障房，假借各类名义骗购或巧取的多。忻州用公共财政如此为干部打造“福利房”并按指标分配，称得上公然豪夺。忻州有关部门称，公务员小区是“市直机关干部安居乐业的载体，实现安定团结、稳定大局的有效保障”。好像不让干部占点便宜，就没法工作了。

2003年1月，浙江温州龙湾区专门组织科级干部子女考录，即出于“机关干部普遍十分担心子女就业问题，为稳定干部队伍”的“善良愿望”；2009年5月，为解决“官二代”就读难问题，陕西铜川第一中学新校区“只招在市委市政府上班的工作人员子女”；不久前的深圳公务员改革，行政执法类统称为执法员，干满20年即可享受处级待遇，据说打破了基层公务员升迁无望的屋顶现象。

以前只听说“农村真穷，农民真苦”，只听说老百姓“病不起，死不起”，没想到公务员的困难也真多。从住房到用车到升官，无一不是断人心肠的闲愁，要政府予以专门照顾才行。公务员当然也离不开柴米油盐，也逃不脱现实困扰。比如，面对高房价之苦，不同地域不同级别的官员也都表示，“以我的工资，也买不起房”。对公务员的“×不起”，当然也要关心，但不能据此搞权力自肥。公务员一哭就有权力来喂奶，老百姓一呼又如何？

有则“胡萝卜”的故事广为人知：兔子头儿为鼓励大家多找食物，宣布表现好的可获胡萝卜奖励，许多兔子便设法讨头儿欢心，勤劳朴实的传统遭到冲击；兔子头儿又生一计，凡愿做贡献者，可领到一大筐胡萝卜。结果领到奖励的，没有一个完成任务，因为“胡萝卜已到手，还有心思去干活？”

这故事包含了一个真理，只有胡萝卜的奖励而没有大棒的惩罚是行不通的。公务员的种种自肥性奖励如车改房贴，跟胡萝卜的效果是一样的。这次忻州的限价房，半数被公务员加价倒卖，就是对胡萝卜政策的现世报：不仅没有安下心来好好为公家做贡献，反而为高房价推波助澜，扰乱民心和市场秩序。如此一来，不仅起不到“稳定大局”的作用，反而增加社会的不平衡感。公务员情绪稳定了，群众情绪却不稳定。

不必论自肥的胡萝卜该不该给，单是这种奖赏就足以败坏群体风气：兔子头儿掌握太多资源，今天赏房子，明天赏职位，讨好头儿都来不及，谁还有雅兴去踏实做事？而且，胡萝卜吃多了会消化不良，不是甜头是苦头；可能被撑病，也可能因不卫生而中毒。在分配胡萝卜的问题上，因涉嫌贪污或渎职被法办查处的例子并不少见。

所以，权力下的胡萝卜有诸多风险，食之须谨慎。

（2010年4月21日《中国青年报》）

评后语

公务员分福利房，是一种潜规则，大家通常也是见怪不怪。而忻州将用于保障民生的限价房，用来分给公务员，则有些“不像话”，这是在与民争利，当然被舆论诟病。违背政策的理由居然是保证公务员安居乐业，联想到其他地方照顾公务员群体时，都如此振振有词，不免让人发笑。将特权冠冕堂皇地说成是解决公务员的困难，简直有侮辱公众智商之嫌。

写此稿时，我毫不客气地将种种怪现象罗列开来，为这种权力自肥画像存照，并以“胡萝卜”的故事来刻画忻州公务员倒卖福利房的事，说明此举不可取，此风不可长。

□短命建筑，一场难治的“富贵病”

住建部副部长仇保兴透露，我国是世界上每年新建建筑量最大的国家，消耗全世界40%的水泥和钢材，但只能持续25～30年。（4月6日《中国日报》）

短命建筑是个老话题，由官方透出平均寿命还是第一次。相较于百年大计，30年寿龄确乎太短，对公众的感觉而言，这个数字还有点高呢。

2月6日，南昌的地标式建筑，服役13年的五湖大酒店一声爆响，灰飞烟灭；2月23日，镇江的“世纪巨蛋”建成10年后宣告完蛋，被推倒拆除；还有耗资1500多万元重修的福州祥坂小学，完工不到一年半就传出要拆掉。

如此竞相夭折，让人深味短命的悲凉。房子若能活到30岁，真得感谢领导感谢政府感激涕零才是。

仇保兴是担忧建筑垃圾对环境生态的影响，或是赶一个低碳的时尚。咱老百姓一时没那么高的觉悟，唯担心短命建筑会毁了立锥之所。

住建部节能与科技司司长陈宜明说，盲目拆迁和房屋质量是短命建筑的根源。

这两个问题其实是相辅相成的，政府若惯于短命规划，开发商将房子盖那么结实干吗？明知挨不到寿终正寝的百年之后，岂不是质量越高因拆除而造成的损失越大？

短命建筑，实是这个时代政绩冲动或官商合谋下的一场“富贵病”，流行得很呢。

此话怎讲？君不见，越是风水宝地上的建筑越是短命，因富贵而命途多舛也。如前几天扬州闹出的“偷卖”小区风波，即因处于古运河风光带上而惹祸上身，五湖大酒店也因立于青山湖畔而中道崩殂。正所谓“富”在路边有人拆，“穷”在街巷无人问也。

好地段上的建筑因“富贵”而“红颜薄命”，地处偏僻的棚户区能“尽享天年”，皆因利益驱使所致。好地段的房价高，附加值大，就是拆了再建，仍获利丰厚。所以，武汉马湖新村小区400多套别墅建成5年即拆迁，街道办人士解释说，这不叫浪费，（重建高楼）叫节约土地才是。诡辩的底气何在，拆拆建建纵无关GDP，也有关商业开发的收益啊！

这也是富贵病的表现之二，跟常人吃多了油荤会导致高血脂、高血压一样，短命建筑也通常是侵吞群众利益过多落下的病根，如土地腐败，官商勾结下的利益输送。这方面的例子就不赘言了。

富贵病也是难治的慢性病，此病不除，短命建筑难免。所以，欲让建筑长命，还有赖相关部门的施政健康，以民为本，以科学发展为本，勿因贪图政绩贪图眼前利益而误了房子卿卿性命。

（2010年4月7日红网）

评后语

中国的短命建筑现象，造成的浪费触目惊心，根源何在？有政府短命规划的问题，也有房产开发乱象，越是好地段，越是拆得勤，因为有利可图，而真正需要改造的旧城与旧房子，因为地段不值钱，反倒是无人问津。

这是一个怪现象，新房子没几年就拆了，旧房子没人拆。我称之为“富贵病”，即政府与开发商嫌贫爱富的土地财政使然。如此归结，可谓一针见血。

□缺少廉价救命药比缺医更令人揪心

近来，一种叫作“放线菌素 D”的化疗药物成为热门话题。由于缺货急用，全国多个城市的患者、医生在微博微信上为此发布紧急寻药信息。（8 月 24 日《长江商报》）

放线菌素 D 主要用于治疗儿童常见的恶性实体瘤，如肾母细胞瘤等，疗效比较确切。正因为用量少，导致药企生产的积极性不高，类似情形的低价药如博来霉素、氯胺酮、普罗帕酮（心律平）也已断货。

便宜却好用的救命药短缺，其实是一个老问题，笔者十几年前做记者时，就曾写过这方面的报道。十几年后，也亲历过一药难求的忧心。孩子一次被同学用生锈的文具刀弄伤，要寻一支免疫破伤风针，跑遍各大医院都没有，急得不行。后来，孩子同学的家长想起一家企业医院可能有，才在幸运中解决了这个难题。而每年夏季，寻找抗蛇毒的血清也常成为媒体追踪的新闻。

某种病明明有药可医，因用量小、利润少，药企不愿生产，医院不愿储备，怕蒙受损失，最后是病人求药无门，这实在很残忍。就在不久前，《中国青年报》还专门报道过罕见病群体面临的用药短缺问题，因为所患疾病罕见，用药更是小众、无利可图。如 2014 年年初，治疗罕见病卡尔曼氏综合征的低价特效药 HCG 停产，在求助的第 60 封信石沉大海后，该病症患者潘龙飞决定用徒步中国的方式为自己维权。2015 年 8 月 8 ~ 10 日在济南举行的第四届瓷娃娃全国病友大会现场，潘龙飞的事例作为罕见病群体面临的典型医疗困境再次被提起，以寻求破解之道。

可以说，少药比缺医更可怕更令人痛心。人类与生俱来就会不停地与各种疾病作斗争，很多病都曾是不治之症而导致病魔肆虐，造成不少人间悲剧。在抗生素出现前，人类对细菌致病是那么无力，一个伤口感染都是那么可怕。肺结核也曾是不治之症。人类历经千辛万苦，终于战胜了很多病魔，比如天花。当然，也面临着新的病魔威胁，比如埃博拉、超级细菌。找不到对付疾病的办法，那是令人无奈的客观现实，有待不懈努力。而一些疾病跟解谜一样，一旦揭开谜团，便豁然开朗、不值一谈，然而有药之后却因利润少而少人甚至无人生产，成了救人难题，这怎不令人扼腕？

中国医药企业管理协会、中国医药企业家协会会长于明德曾公开表示，廉价药品正以每年几十种的速度消失。不能不说，廉价药缺货本身已成为一种常见病与顽疾，是横亘在病人面前的心头大患。缺医若是天灾，少药则是人祸。医院与医药企业的天职都应该是救死扶伤，理应有好的制度设计来促使医药双方无缝对接，将人类目前已经有能力制服的疾病祛除净尽。

让救命药不再缺货，仅靠医药双方的良心、道德维系还远远不够。有业内人士建议，针对临床必需、不可替代、用量不确定、企业不常生产的抢救用药及罕见病用药，以省或地区为单位建立此类药品的储备制度。这个呼声由来已久，面对一再发生缺药的伤痛，有关方面应该像粮食收储一样，建立某些特定药品的收储制度；也应该允许一定程度的浪费损耗，毕竟这类药并不贵，毕竟生命无价。存药千日，用于一时，值！

（2015年8月25日《中国青年报》，此文入选《杂文选刊》2015年11期、《中国年度杂文佳作2015》）

评后语

救命药短缺，是一个老问题，隔一阵就会造成用药紧张，引来媒体关注，然后又不了了之。如此一次次的轮回，已经周而复始过多次了。诸如3

块钱一盒的牛黄解毒丸、1块钱一盒的红霉素软膏、2块钱100片的复方新诺明……这些常用的廉价药都难得一见。青光眼手术必用药丝裂霉素被曝在多地面临断货，心脏手术用的鱼精蛋白也几度告急。这些药的共同点是便宜好用，安全有效，又不可或缺。短缺的背后，不是生产技术有多难，而是因为廉价而造成厂家生产的动力短缺。对此，媒体多次呼吁加以正视解决，国务院总理李克强曾就巯嘌呤片的短缺作出批示，要求有关部门要“将心比心”“特事特办”“切实加大国产廉价药生产供应保障力度”。

饶是如此，廉价救命药仍不时要喊救命。2018年7月，又传出扑尔敏原料药价格暴涨50倍，影响上千种药品的生产，原因是一直只有河南和沈阳两家药企在生产，结果又因故停产了，供求平衡一打破，市场上的价格就猛涨。

世界上最痛苦的不是患了绝症无药可医，而是明明有药可医，却买不到药，这实在是可悲。对此，本文提出观点，缺少廉价救命药比缺医更令人揪心，就是直指问题的症结与痛点。有病无药可治是无奈，而有药可医却没人生产，让人类发明药物的种种努力失去了意义，何其痛心。此文没有去探讨药品生产与流通的机制问题，而是直面要害，直面人心，发人深思，引来众多的共鸣。

□一颗胶囊包含的粗放式发展窟窿

日前，央视主持人赵普一条关于老酸奶和果冻的微博引发波澜，他暗示破皮鞋之类制成的工业明胶有可能进入我们的口中。结果，相关企业郑重否认，中食协糖委甚至要对信息发布者进行起诉。那边余波未了，这边又曝出，多家药企的空心胶囊是由工业明胶制成，被国家食品药品监管局叫停并待查。

所谓“药食同源”，工业明胶能流向药企，有没有流入食品企业，这让人不联想都难。对违规生产、使用工业明胶的企业应当一查到底，严肃处理，对失职的监管环节同样决不能放过。问题是，早在2004年，央视就揭露过皮革废料加工成明胶的触目惊心的事实。同年，卫生部即发布公告，禁止使用皮革废料、毛发等非食品原料生产食用明胶和水解蛋白，但8年过去，造假却禁而不止，其原因何在？食用明胶与工业明胶的巨大利差，固然是相关企业为节约成本而造假的直接动机，监管环节的不作为固然给了假货以可乘之机，但从根源上看，一颗空心胶囊所包含的粗放式发展窟窿才是祸首。

有人将空心胶囊的工业明胶比喻成牛奶中的三聚氰胺，那不妨回顾一下乳业那段不幸历史。2008年三鹿奶粉出事时，正是中国乳业高歌猛进且成为全球第三产奶大国之际，这一年，以“一头牛跑出火箭般的速度”的蒙牛发布2007年年报，成为中国首个年营收超过200亿元的乳企，而

1999 年成立之初，蒙牛的营业额只有 3700 万元。质量危机在一片乐观中爆发，三鹿死了，蒙牛等众多乳企遭受重创。三聚氰胺风波表面看起来是底层奶站把关不严，不法奶农违规添加三聚氰胺让生产企业“蒙冤”蒙难，其实是企业长期重市场、轻牧场，一味追求速度与效益而不重视基础性投入的必然结果。

羊毛出在羊身上，牛奶出在牛身上，奶牛的生长有其自然规律，牧场的承载率也有限，不顾奶牛与牧场客观实际的超常规发展必然成为空中楼阁。按奶业行业的发展规律来说，正常情况下年增长率应在 7% ~8%，我国那一时期的年均增长指数已达到 21% ~23%，牛奶产量与质量跟不上，客观上会催生奶源造假!

回到医药市场，2011 年，全球制药市场的增幅为 5% ~7%，中国医药市场的增幅却高达 25% ~27%，已成为全球第三大医药市场。药品市场繁荣，必然带来对空心胶囊等原材料的强烈需求，在供不应求与价格上涨的驱动下，必然会催生假货、次品来替代。“真货不够，假货来凑”，当下游对水的需求超过上游的来水量，抽取地下水或用脏水解渴就会成为一种选择。有报道指出，我国医药行业在原料、生产、流通、使用等多个节点以断裂状态分布，这难以满足未来产业调整的需要。重大医药事故不断发生，其根源正是医药供应链管理整个环节的混乱与脆弱。

在对假货厉声喊打时，应该认真思考那些混乱无序的“粗放式增长”模式。乳业的前车之鉴如此，医药业这些年屡屡曝出的乱象如此，其他行业也是如此。萝卜快了不洗泥，脱离实际的跨越式发展，必然留下某个环节跟不上的断裂或窟窿。事实上，三聚氰胺是在填补蛋白质的缺口，工业明胶是在填补食用明胶的不足。不从行业发展的规范有序上来解决问题，打假只能是按下葫芦起了瓢，假货总会在监管缺失之际卷土重来，这也是屡禁不绝的原因所在。

（2012 年 4 月 17 日《中国青年报》）

评后语

此文曾收入拙著《在中线上行走》一书，在此再收入这本评论集子，是因为个人觉得此文的角度值得一说。工业明胶制成的毒胶囊曝出后，舆论为之哗然，因为这些胶囊生产的时间之久、产量之大与应用之广，触目惊心，没准大家日常吃的胶囊制剂药品中，就含有这种原料。舆论多是谴责黑心生产厂家，或是监管部门的不作为。我在认真查阅相关资料后，提出一个另类的观点，假货泛滥源于真货不够。

这个角度不是为了替造假者开脱，认为造假有理，而是深入分析造假的根源，在于粗放式发展导致的头重脚轻。只重规模与效益，而不注重品质与基础，原料跟不上供应就盲目扩大生产，而资源的供给与承载率是有限的，粗放式发展的结果就是真的不够，假的来凑，以偷工减料来满足产能。

文中以国产奶粉有过的教训为例，用数据与事实说话，说服力强。萝卜快了不洗泥，三聚氰胺是在填补蛋白质不达标的缺口，工业明胶是在填补食用明胶不足的缺口，这给造假提供了可乘之机，甚至是一个行业的心知肚明与竞相效仿，这才是要害所在。本文提出的观点，可谓跟毒胶囊的曝光一样刺痛人心，却指出了问题的症结，如此方有助于找到解决问题的路径，比痛骂黑心厂家更有力量。

正如市场上的黑车屡禁不绝，是因为正规的运力不足，让黑车有钻空的余地，不解决供需问题，监管再努力围追堵截也不过是疲于奔命。只有反思粗放式发展的弊病，才能从根本上防止此类现象，要不然就是头痛医头、脚痛医脚，挠痒挠不到点子上。

□天价鱼游不进法规与道德的两条河流

哈尔滨天价鱼事件曝光以来不断反转，至今难言尘埃落定。最新说法是此店的餐饮证照已过期，店方的结账单是服务员代签，导游带客有提成。一条天价鱼游来游去，就是露不出有无宰客的真相。每一起网络热点，最终能将当事方的里里外外翻个遍，好像一个人若有不好，围绕他的一切都是不好的，这个行业、这个城市都不好。

我并非为天价鱼辩护，只是觉得，围绕这事的牵扯虽多，关键疑点只有一条，即到底是 14.4 斤还是 10.4 斤，其他的再怎么扯，跟收费是否合理没有太大关系。

说起野鱼店，大家都懂，无论真假野生，那价格是要贵些。前几天我招待朋友，就是在一家鱼馆，客人很矜持地只点便宜的寻常鱼类，那 100 多元一斤的没要。正所谓酒烈不喝，人狠不逢，他横任他横，他贵任他贵，没有强卖就没有伤害，惹不起可躲得起。

无论《民法通则》还是《消费者权益保护法》，公平都是最核心的原则之一，但经营者与消费者进行交易时，自愿、平等、诚信都好说，就是公平难以准确界定。因为在现实中，一些价格是随行就市，同一种商品在不同时间不同地点不同供求关系下，价格大有差别，也有自主的空间与权利，公道与否难以一言概之。

去年，天津的段先生夫妇到长沙旅游，在一家餐厅吃饭时，一杯开水被收8元钱，心里不爽，抱怨称，走遍全国都没碰到这种事，网友笑他少见多怪呢。因为咖啡厅一杯水要20元的都有，若论批发价，都可以买1吨了。依此，30元批发价的鱼，卖到400元，这价格的公道还真不好去横向比较。有些价格也并非围着生产成本打转。至于什么样的鱼算野生，值不值这个价，完全是另一码事。

天价商品本不是新闻，前些年，一瓶洋酒动辄成千上万，一盆兰花几十万元计，公道不公道？俗话说，没有卖错的，只有买错的。再贵的东西，你不买，就不会吃亏。市场的水至清则无天价鱼，但那又是不可能的，难以用道德的标尺衡量每一个价格，也难以指望每一个价格都流淌着道德的血液。

在商品定价存有弹性空间的现实中，天价鱼从来就不是孤例，这个市场上也从不乏价格与价值偏离过大的“天价”现象。我们的自寻烦恼，就是常从美好的愿望出发，以道德标准去衡量一个是否合法的事。很显然，既然是天价的商品，那就不可能同时游进法规与道德的两条河流。对此，只能接受或放弃。

每一次天价都引来围观，并非天价本身犯了天条，只因现实中有太多这样的无奈，看似不合理却又合规，似是而非，你再怎么觉得这钱付得冤，可只要标价在先，愿打愿挨，即算童叟无欺，有苦也难言，于是借他人遭遇浇自己块垒。哈尔滨天价鱼这回算是“人为刀俎，我为鱼肉”，只有任人追问解剖了。可是，即便将天价鱼剥个体无完肤，也消除不了市场上那些暴利的腥味，那些游走在法律与道德边缘的灰色经营，不会就此消失。因为只要有利可图，就会有人冒天下之大不韪，为了钱，顾不上那么多。

天价鱼的焦点在于斤两上有没有玩人，如果10.4斤故意搞成14.4斤，仅此，即是欺诈、宰客。一些事情，如果脱离是非的本原，就永远纠缠不清。那么，真相还是请围绕斤两的核心问题来展开吧，因为若扯太多的东西，水搅浑了就洗不出天价鱼的真相了。

（2016年2月18日《中国青年报》）

评后语

继青岛的天价虾事件后，哈尔滨天价鱼事件又引起围观。天价之类的层出不穷，除了确有坐地起价、趁机宰客的情节较为恶劣外，也有一些是游走在灰色地带。由于价格的放开，一些市场竞争类的商品与服务，是自主定价，随行就市，只要是明码标价，就不违规。这其中，有的因处于封闭式的垄断区域，如车站、机场、火车，如果漫天要价，会引来诟病；也有的是在一个公开竞争的市场内，那种天价商品，除了以道德来约束、以商家的良知来规范外，法律还真管不上。

哈尔滨天价鱼事件，就是这样游走在一个灰色地带的事件，好多鱼馆都是这样的，家养野生难以区分，反正是标价畸高，愿者上钩，只要没有强买强卖，吃亏讨好，都只能认了。面对天价鱼事件纷争，此文从生活实际出发，表达了一个理性的观点，既然是天价的商品，那就不可能同时游进法规与道德的两条河流，因为既已是天价，就不可能是良心价，谈道德在这里就不合适了，只能追问合法否，如果是合规之下的天价，那就更无从置喙。

本文观点不同于那些口诛笔伐，而是用事实说话，认为不必见天价就不由分说，就是天然有错的。天价是否合理，要看具体情形。像青岛天价虾那种，玩价格的障眼法，明显心怀不测，当群起攻之。而那种约定俗成的、随行就市的天价，就不妨一分为二地看。这样也避免一竿子打翻一船人，造成社会共识的撕裂与难以弥合。

□华科大“泼水节”，一场无谓的茶壶波澜

连日来，华中科技大学“泼水节”成了网上持续发酵的话题，有人认为“攻占”女生楼、互相泼水、堵门等行为是一种集体性骚扰；也有师生跳出来辩解，自称是欢乐祥和的，充分尊重了女生权利，没有任何强人所难与不敬之处；更有高论醍醐灌顶，校园人文环境的蛮荒与压抑，让理工宅男的面孔上写着笨拙与幼稚，可怜与可悲，因为大学里的性别隔离，即女生宿舍不许男生进，阻断了男女交往与相互了解，给欲望的饥渴升压，才有了狂欢下的宣泄。(11 月2 日《新京报》)

子非鱼，安知鱼之乐。华科大“泼水节”是快乐还是快感，即便亲身参与者，也感受不一，硬要一把尺子量到底，来个定性或上纲上线，实无必要。“泼水节”的是非曲直，一言难尽，在此不论，只想说的是，这本是一场无谓的茶壶里的波澜，制造这个话题的本身，比“泼水节”更显寂寞与无聊。

“泼水节”是什么时候的事？据称始于 2006 年，因为一位大一学生向楼下的学生泼了水，还受到了批评，后来则演变成了学校一年一度的狂欢节。参加毕业晚会后在校园游行、挥院旗、喊口号、泼水，成为华科大学生的人生记忆。“泼水节”是一项毕业纪念活动，现在都是开学两个月了，而且 2015 年的校方已取消了“泼水节”。关于“泼水节”的撩骚，显然并非针对最近发生的事。实际上，此讨论源于 2013 年的一则网帖，早已不是新闻。

华科大“泼水节”在这个秋天突然蹿红成了话题，本身就显得怪异，不能不说，这与一些网络媒体惯于没事找事制造噱头有关。网上经常有些无厘头的新闻，耸人听闻，点开一看，却是多年前的事，这种现象在微博与微信朋友圈里较为常见，一些网络论坛与资讯里，也爱玩这把戏。为了吸引眼球博流量，新闻不够，旧闻来凑，将陈年往事拦头去尾，搞个“标题党”就来忽悠人。比如，11 月 2 日的一些网站就出现一条蛮雷人的新闻，26 岁小伙恋上 62 岁老太，老太不堪管得太紧离家出走。点开一看，新闻的 5 个要素都不齐全，没法证实。再上网一百度，2014 年、2015 年初都有类似报道，还是讲述体，是故事还是新闻，谁知道呢。一些网络新闻的没节操，由此可见一斑。

长恨人心不如水，平地无事起波澜，对华科大来说，这“泼水节”的新闻莫过于此。讨论华科大“泼水节”，更要好好讨论下一些网络的无事生非伎俩。新闻，当是新近发生或发现的事实报道，不能为了吸引眼球，违背基本的准则与伦理，将些陈年旧事甚至子虚乌有的事情拿来炒作，浪费大家表情。为一己之私投机取巧，哗众取宠制造自家网络流量的狂欢，跟没头没脑泼水于人制造骚扰有何区别？华科大“泼水节”早已取消，并不是正在发生的事，皮之不存，口水一通有何现实意义？对网上这类不道德的新闻骚扰，也当规范禁止为好。

（2015 年 11 月 3 日红网）

评后语

华科大的“泼水节”突然成了网络热点，各方议论汹汹，有说是年轻人的狂欢，有说是对女生的欺侮。我查了新闻，发现这是陈年旧事，于是将聚焦点转向批评网络的炒作，而放过“泼水节”本身。

这篇稿子，在当时的评论中别具一格，是唯一发现新闻背后真相的。围绕“泼水节”的争吵，在舆论场中，面对各方混战，这样的观点可以起到止息纷争的作用，对沸腾的舆情也可起到釜底抽薪的作用。正如一群人在吵架，不可开交之际，有人跳出来说，都别吵了，你们受了坏人的蒙蔽，事情不是这样的。于是，众人大悟，惭愧中纷纷退去。

我能发现这个评论的角度，是因为在平时看新闻时，深受其害，一些网络媒体为了吸引眼球，总是推送旧闻。这种骗点击流量的做法，真的很可恶，尤其是一些负面新闻，本已过去，又拿来炒，会造成当事人的困扰。对此没有节操的行为，就是要大声喝止。

□久病的教授床前，武大该如何“尽孝”

武大与病重教授张在元终止合同一事，引起嘘声一片，让这所百年名校继两高官涉嫌腐败后，再次成了众矢之的。

在“病危”的教授床前，而且是当着“不能言语、靠呼吸机维生的”患者之面宣布终止聘用合同，停止提供医疗费和住房。这样的场景怎么看好像都不近人情，残忍冷酷了一些。况且，这位教授还是一院之长、钱学森的好友，有如此江湖地位的学者晚景“凄凉”如斯，自然引发关注，让人义愤于胸。

但细观事情的来龙去脉，拨开人物身份带给我们的晕轮效应，此事更多的是让人感到苦涩与无奈。

武大是2005年与张在元签订的合同，明确约定薪酬中已包含医疗保险等费用，不享受校内教职工住房及公费医疗等福利。这在双方签约时就已是愿打愿挨的事，从法律上讲，张在元理应对以后的医疗问题“后果自负”，并概括承受。不幸的是，2006年起，张在元就病了，得尴尬面对那份薪酬埋下的医疗风险。

实事求是，签了4年的合同，差不多有3年“长期不能在岗工作”，但学校仍旧按原合同约定继续发放薪酬用于其医疗和家属生活。在合同期满后，因被聘方不能按约工作，按规定终止合同于法于理都说得通。截至2009年10月，学校除补贴16.5万元用于治疗外，已经垫付医疗费用68.6万余元。校方也不能说没有尽责。

不难想象，武大在做出这一决定时，是经过了怎样的思想斗争，要不然，也不会“派了人事、组织、学院、校医院4个方面的人来过”，这隆重的阵势无非是想做得无懈可击。

诚然，从道义上讲，武大可以继续关怀，但对这样的重病号，除了不再续约，并没有多少好的选择。不知张在元教授办了医保没有，而目前的医保往往是保小不保大，高费用的要命大病通常不在保障之列。在这样的现实语境中，无论是武大，还是其他法人单位，或是作为自然人的我们，在面临员工、亲人身陷重症大病的困境时，都难言做一个人所称道的久病床前的好孝子。这样的人间悲情其实经常在上演，面对情理法的冲突，治，还是不治，救，还是不救，很多人都面临过痛苦的心灵挣扎。

“看病贵”不除，面对天价医疗的无底洞，任何一个重病号都会是一个经济与精神的大包袱，让承担义务者不堪折磨。武大可以对张教授将爱心进行到底，博一个“孝子”的美名，但却无法上演这顶“孝子”的帽子戏法。因为面对类似的李教授、王教授，又如何一而再、再而三地善始善终？

坦白地说，只不过这次的主人公身份特殊，如果是一位普通员工，签了4年的合同却病了3年，而武大管了3年，患者说不定感激不尽呢，媒体也会当作“有情操作”的劳资佳话来报道。

至于院长也是聘用制，纯粹是与主题不沾边的牢骚话。在事业单位全员聘用的今天，不是院长该不该捧泥饭碗的问题，而是如何让摆脱“单位人”的“社会人”在养老、看病上都有相应的医保、社保来保障。这才是张在元这个案例给我们应有的启示。

（2009年11月18日《南方都市报》，

原题《医保缺失让武大难演孝子的帽子戏法》）

评后语

高校解聘一个重病教授，于情于理都会让人议论。是武大无情，还是事出有因？我认真查看了新闻的来龙去脉，认为武大并非想象中的那么冷酷，其实是依聘用合同办事。此事的看点在于医保缺失所致，这才是一个共性的问题，也是时代痛点。聚焦于此，比单纯讨论个案，更有广谱性的意义。

一些评论写作，容易被情绪所绑架，被新闻的标题党所惑，一看武大解聘了病重的教授，这还了得，还是高校吗，还要不要有人文关怀的精神，于是就板着脸教训起人来，而这样的煽情与道德大棒也会很有市场，并被网友叫好。

不把新闻看完看透，就提笔写评论，是一些时评快餐写作的通病，也是大忌。我习惯于找到问题的根源再下笔，这是理性思维，也是让评论能说到点子上，不可火上浇油，误导舆论。

□南科大是否“野鸡”要靠下的蛋证明

曾矢志去行政化，贯彻自主招生、教授治校等理念的南方科技大学，迎来了首届统招毕业生走向社会的时候。(6 月 21 日《新京报》)

自 2007 年筹办以来，南方科技大学提出要办一所研究型大学，“国内顶尖，世界一流”，采取了诸多改革措施。比如书院制、全英文教学，招生施行 6 +3 +1 招生模式，高考分数占比 60%，自主测试成绩占 30%，高中课业成绩占比 10%。

南方科技大学的“清流”之风，让人眼前一亮。位于深圳这座特殊的城市，其改革的象征意义被放大，各方期待南科大能成为高校改革的试验样本。但要看到，南科大的任何改革措施，离不开中国国情与时代背景。正因如此，其一举一动的社会评价呈两极化，有人说好，有人批评。

有人说，这里是培养科学家的地方。目前，2012 级学生中，有 168 名顺利毕业，其中 67 人获得海外博士的攻读机会。这个成绩，很多国内一流大学都比不过。当然，也有用人单位不熟悉南科大，有毕业生在网上吐槽，“到一个单位面试时，居然质疑我们学校是野鸡大学”。

南方科技大学显然还没到功成名就的时候，就如一个产品，或有先进的理念、新颖的设计，但能否被市场接受，还需要时间。十年树木，百年树人，南科大的成与败，不是一两届学生所能确定的。

被认为是“野鸡大学”不足为奇。近年一些高校以改名为能事，不断

“升级”，冠以“科技大学”的多如牛毛。近日，位于山东的滨州学院发布一则信息，拟更名为山东航空学院。网友说，这名字改得要逆天了。有统计表明，近10年来，全国近2000所高校中，有近一半改过名字。

南科大被误认为“野鸡大学”，反映出就业市场对高校功利化、浮躁化的警惕，光鲜的名号已唬不了人，是骡子是马，得拉出来遛遛。所以，南科大也好，其他名字响亮的大学也好，是不是“野鸡”，还要看下的蛋成色如何，即你的学生到底有无真才实学，你的科研与教学能否胜人一筹。正如“西太平洋大学”与哈佛大学，都有“自主招生权，自授文凭权”，但教学质量的差别让文凭的价值有着天壤之别。

南科大不会因其校名，或漂亮的改革名声，自动获得市场的通行证。它最终还是要靠实力说话，可能需要几代人的奋斗，才能获得普遍认可。对南科大，不必寄望过高，也不必定论过早。如果它最终不能免俗，重复国内高校的路数，即便跻身国内一流高校方阵，其意义也会打个折扣。

被寄予改革厚望的南科大，仍须持续探索努力。如果急功近利，耐不住寂寞，沦为“野鸡大学”也并非不可能。

（2016年6月23日《中国青年报》）

评后语

南科大曾以高校去行政化改革的旗帜被寄予厚望，但光环很快又消退，社会知名度与认可度并不高。被人视作“野鸡大学”，背后折射的正是南科大要破题的功利与浮躁之痛，因为一些大学热衷于改名升级，以科技冠名的高校比比皆是。南科大要从中脱颖而出，增加识别度与美誉度，还要下真功夫，不是叫个“科技大”就能含出科研含量。

南科大被视作“野鸡大学”，其实切中了时弊，对此不必委屈，是驴是马，拉出来遛遛就行。南科大埋头治学，不忘改革初心，自然能水到渠成。本文写作，没有为南科大幸灾乐祸，而是看到背后的实质问题，以中肯的建议为南科大指明方向。

□给农民减负才会有真正的农运会

10月20日至28日，广东省第二届农运会于江门举行，深圳以该市没有农民为由拒绝派队参赛。深圳农林渔业局强调，深圳是一座现代化都市，参加农运会不适宜。(10月25日《京华时报》)

农运会其实与农民关系不大，组委会公示的运动员名单中，有相当一部分非农人员，如医生、教师和工人等。这应是各方早已知心肚明的潜规则，就跟大运会运动员里不都是大学生一样，农运会也时常变异为一项任务。

深圳农林渔业局要组支队伍应付一下也并不太难，以“农运会是农民参加的，我们不搞形式主义”来推托，倒也不乏求实精神。不过，作为计划单列市，本身经济实力雄厚，深圳农林渔业局大约不需要广东省农业厅的拨款与扶持，所以有“不配合”的勇气，但其他地方未必有这样的底气。从深圳最终在多次协调下顾全大局，派出代表以观摩形式出席，可见农运会的重点不在于有没有农民来参赛，而在于完成好规定动作。

农运会上，男人冒充女人参赛，铁饼运动员参加“抛秧”比赛之类的离奇事时有报道。为筹办2012年全国农运会，河南南阳宛城区红泥湾镇政府将上千亩即将成熟的小麦推平，改种树苗，以完成绿化任务，为农运会“添光彩”。为农运会而损农坑农，这也算形式主义的“登峰造极”。

农民当然需要必要的体育运动和锻炼，但不需要一次任务式的运动会。为此，2008年第六届全国农运会曾做过改革，不设奖牌榜，也不公布参赛代表团的名次和金牌总数，以“淡化金牌意识，从源头上根治造假”。同时增设一些贴近农民生活、模拟农业技能的比赛，如插秧、抛秧、抗旱提水保苗赛跑、抢收粮食进仓比赛等。可是，运动会与农民还是两张皮，观者寥寥，广大农民并不关心。

农运会发展到今天，确实要进一步做到与时俱进。在不少农村呈现空心化，留守者多是“386199”部队（指妇女、儿童、老人），明天谁来种田都是个问题时，指望还有大量农民来积极参加运动会，可能也是勉为其难。如何把农运会办成农民的节日，不只是组几支农民代表队参赛、完善比赛项目的问题。农民每天要应付繁重的农业劳动，并不需要再靠体育锻炼来增强体质与健强体魄，农民最需要的是“减负”，比如取消农业税之类就是对农民身心健康最好的关注。让农民看得起病，种得起田，让农民的孩子上学无忧，让农民不再只为生计劳苦，他们才有可能参加各类健身活动，其健康水准才会提高。

（2011 年 10 月 26 日《中国青年报》）

评后语

深圳以没有农民为由不参加农运会，是个新鲜事，有人会肯定深圳方面的实事求是，也有人会认为深圳太较真。我却看到农运会缺少真农民的尴尬，包括大学生运动员没有多少真正的大学生，而是专业运动员在参赛。

这种名不符实的背后，是因为真正的农民难以有条件来参与，解决这个问题，还须回到问题的症结上来。这样去思考，就拓宽了思路，也给人以启示。

有多少迷茫看客就有多少曹操墓

8 月 21 日，在苏州召开的三国文化论坛上，23 名专家对河南安阳曹操墓再次提出质疑。从“魏武王”石牌到墓葬形制，以及那个提供顺藤摸瓜机会的《鲁潜墓志》，都被言之凿凿指出形迹可疑。河南方面则不甘示弱，对质疑逐条严加驳斥。(8 月 23 日《大河报》《扬子晚报》)

所谓世上本无事，庸人自扰之。自从安阳鼓捣出一个“曹操墓”，建展馆、修公路、搞开发，当地政府就忙得不亦乐乎；外人也没闲着，挺曹派、倒曹派你方唱罢我登场，没头没脑没结果。我等非考古中人，无法从各执一词中辨别信谁还是不信谁，所能见的是曹墓之争无关真假，有关地方利益。

墓里有没有曹操并不是个问题。从名人之争的恶俗来看，不管荒唐还是可笑，只要有坚牙利齿就行，谎言不断重复，最后总能达到既成事实之目的。争名人的也未必在乎真假，只要有个噱头就行，跟股市里安个概念差不多，借题材炒作一把获利后，哪管一地鸡毛。

我们刚刚将缙云山的李一请下神坛，并奇怪于这么一个“法术”并不高明之徒，何以“得道成仙”，被硬生生给捧上了天。其实，这世上原本就没有骗子，假冒伪劣能大行其道，无非有市场需求，故弄玄虚者意不在此，上当者也是另怀鬼胎，一个图便宜一个要卖乖，你来我往的心照不宣间成就了“灰色的江湖”。酒不醉人人自醉，如此而已。

曹操墓也好，李一也好，其他伪大师或是名人古迹也罢，所起的都是这种让人麻醉的酒精作用。太多的苦难无处克服，太多的郁结无处纾解，太多的不安无从释放，太多的愿望无从实现，于是需要一个符号、一个图腾来让灵魂得到寄托。这就是为什么在安放真身的大墓之外，还有那么多的衣冠冢，那么多的雕像，那么多的神龛。心理学中有“空椅效应”，即咨询者对着一把空椅子可以无限想象，想着上面坐的是谁就是谁，然后可以对假设的对象尽情表达，让情绪得到释放。从某个方面而言，人们缺乏可以指点迷津可以引导人生的信仰，到处求仙访古也是寻找这把椅子而已。

我们可以厌烦无休无止的名人故里之争，可以切齿“周老虎”之类的明目张胆骗局，可以诧异于张悟本、李一的呼风唤雨，或可以正色要求曹操墓须给一个科学的说法明示于众，但我们阻止不了妖言惑众的前赴后继，就像阻止不了传销的绝迹一样。因为有那些懵懂有那些寻求庇护的人群，就有超出现实之外的“救难者”面目出现。

李一迷惑女信众的，就是他宣称能治抑郁，这正是现实中精神类疾病越来越多又难以医治的写照，正是这样的现实给了他“作法”的空间。不管富人穷人，都希望延年益寿，于是有了形形色色的养生术滋生疯长。“社会公众对曹操高陵的观光旅游需求强烈，以参观考察、学习旅游等为目的的海内外游客纷至沓来，预计年客流量将超过 10 万人次。”这就是现实，管他是真是假，有热闹的地方先瞧瞧再说。中国从来不缺这种看客与看客文化，也不乏以攀龙附凤为荣，哪怕是到名人的坟头踩个脚印也是荣幸之至。

能说什么呢？无论安阳打曹操的主意是蓄谋已久还是灵机一动，傍上曹操就是傍上了名人大款，于政绩与圈钱都吃不了亏。这种买卖不做白不做，在以成功论英雄的世道，有见风使舵而喝彩的势利人心，斥责投机已没有意义。曹操墓纵然造假又咋的，能阻止千人万人争往的窥探欲？

我们需要反省的是精神世界何以如此缥缈，在没有方向感中失去了坚定与淡定，能被“卖拐者”一次次的忽悠。也许该做的，是给自己的心灵设定一把可以述说的椅子，让装神弄鬼者无法牵着咱在世间游走。

（2010 年 8 月 24 日《中国青年报》）

评后语

安阳曹操墓的发掘，很是热闹了一阵，而其他地方也不甘落后，各地争曹操墓看起来是无厘头，其背后的推手实是爱看热闹的游客。对一些游客来说，是不辨真假的，我来过，我见过，就行了。

本文在写作时，没有去围绕曹操墓的真假打转，而是剖析这背后的市场需求。正如有句话说的那样，骗子太多，“傻子”都不够用了。如果游客能理性对待这些徒有虚名的景点，不为所动，不去盲目跟风，那些噱头也就失去了存在的土壤，再多的戏精，也玩不出新花样了。抵制这些花架子景点，就是靠理性消费。这样看问题，更令人深思。

▯莫怪争名人　只怪人势利

近来，名人故里之争愈演愈烈，按下赵云，又起了二乔、貂蝉，你方唱罢我登场。“如今的名人故里之争，已明确反映在地方政府发展战略层面，不是个案，而是普遍的，具有鲜明的产业规律。”5 月 15 日，青年学者裴钰在接受记者采访时表示。(5 月 17 日《中国青年报》)

争名人成了一项产业，这不得不令人思考。我们可以挑剔地方政府争名人这一下策的急功近利，但要看到，争名人的多是落后地区，它们在自身条件不足且获取资源无门的情况下不得不抱个名人找奶吃。将奇迹寄托在某个人身上，这本身就是困顿的表现。

而名人（无论死的还是活的）效应又确能带来巨大好处。王志到丽江挂职，“只是到云南来的第 9 批博士服务团成员的 1/140，更是从 1999 年至今的 1/919”。就这样一个普普通通的几百分之一，因是央视名嘴，一出场即万众瞩目，果然在招商上大显神功：对 40 亿元龙源发电项目“功不可没”，让松坪乡拿到了高达 7000 万元的整乡推进项目，找来投资修了好几所希望小学。(2009 年 10 月 22 日《成都商报》)

王志也致力于“用这张脸换一些真金白银进来”。当前那么多下基层的博士没人关注，独独王志“树大招风”，要风得风，要雨得雨，还不是因为他是名人，自有财眼垂青。争夺黄帝故里的陕西黄陵县，旅游业年均递增 27.2%，远远超过其他产业；而赵云故里之争，仅眼球效应就“为临城省了几千万元的广告费”。

人以名传，地以人传，占据这一“高地”，就“赢在起跑线上”。有这样的现实，就有依靠名人发迹的盘算。袁隆平成功于湖南，就读于武汉，祖籍在江西德安，于各地都是财神爷。母校武汉四中校庆时，他捐款20万元助学。“九江市有九江学院、德安县、瑞昌市赛湖农场等部门的负责同志不定期走访袁隆平先生，汇报工作，争取支持。”（2009年4月30日九江市政府网站）

不要惊奇于遗臭万年者也吃香，不要哂笑一些基层官员的发展“智商”，其实他们很清楚，在困顿的现实中，这样来钱的希望最快。名人就是资源，就是生产力。

拉名人为发展经济开路，不是某地的悲哀，反映的是落后地区的尴尬现实。2000年，西部和东部的人均GDP相差7000元，如今这一差距拉大到了21000元。如果落后地区有合适的获取资源的渠道，发展诉求能得到重视，也不至于病急乱投医，将希望寄托在死人身上，甚至拉西门庆这样的污点人物做亲戚。

莫怪争名人，只怪人势利。如果一切按规则行事，大家都唯实不唯虚，不看名人的脸色行事。投资名人要打水漂，谁还去找什么老乡攀什么故里，追逐名人的热潮自会冷却，进而趋于理性，老老实实将精力放在干正事上。

（2010年5月19日《中国青年报》）

评后语

此题的写作原理同上篇，也是呼吁社会上少一些功利主义，才能从源头上刹住争名人的歪风。

□权力一势利，冠军就尴尬

周洋又一次祸从口出，一句“我父母还没有工作”被认为太贪心。

那是在长春市政府为周洋举行的庆功会上，市委书记高广滨问周洋：“现在还有什么困难？”周洋回答道：“我父母还没有工作！”高广滨当即表态：“相关部门的领导都在这里，可以解决一下了！”（4 月 9 日《华西都市报》）

我们并不陌生这种领导对群众的中国式嘘寒问暖：家里还好吧，有几口人，有没有什么困难。周洋不是太率真，就是不懂事，面对礼貌性问候，又一次让人失望，没有给出标准答案：感谢政府的关心，一切都挺好的！

这本是一个脑筋急转弯式的问题，周洋却照直答了，也就失去了美感。而官员毕竟老练，“可以解决一下了”的答复实是场面上的客套而已。

周洋夺冠后获得一系列丰厚的回报，于常人是遥不可及的幸福，也被认为该知足了。

周洋其实是在“被幸福”，重复举国体制下一个奥运冠军的“艳遇”轮回。换成李洋、赵洋，一举成名后的物质幸运，大抵也会如此。在奥运冠军能为地方增光为政绩加分的现实语境中，锦上添花是常态。

周洋的幸福让人想起另两个不幸的故事。

樊迪，中国体操史上第二位女子世界冠军，如今连她的下落都没人知道。“这几年好像过得不太好，每次走的时候我都会给她一些钱。”

身为国家队教练的黄玉斌多次接济过爱徒。一次樊迪站在体操队训练馆门口，警卫不认识她，她都进不去。曾经的冠军落魄如斯，媒体披露后，也未见多大的反响。

另一个是“冠军搓澡工”邹春兰。曾多次获得过全国冠军、打破过世界纪录的国家队选手，沦落到长春一家浴池当搓澡工。媒体报道后，最后也就是全国妇联下属的“半边天洗衣工程”捐赠了一套价值10万余元的洗涤设备，助其开店。邹春兰现在还好不好，也似乎无关当地领导痛痒。

同是冠军，差别为何这么大呢？只因竞技体育很残酷，只问英雄不问其他，尤以奥运金牌为大，余则不足挂齿。权力讨好的不是周洋，是金牌。如果周洋不能为地方争光了，一切会否这么慷慨？

周洋与樊迪、邹春兰在一路拼搏以及各自的领域所取得的成功上并没有什么不同，有的只是尚能饭否的区别。能为领导增光的就有糖吃，否则就甘苦自知。

权力一势利，冠军就尴尬，幸运与不幸全由老爷做主。周洋、樊迪的处境是一面镜子，照出权力的势利与现实。

周洋之类的喜洋洋当然还会热热闹闹的继续，樊迪之类的黯然也会后继有人。如何让权力对每一个公民都可亲可敬，需要制度的安排来保证阳光普照。只有那样，才会避免权力因人设事的尴尬。

（2010年4月12日《华西都市报》）

评后语

在为冬奥会冠军周洋举行的庆功会上，家乡领导嘘寒问暖，我却从热闹中看到寂寞，反向想到落魄冠军的遭遇，指出了一个严肃的问题，如何对运动员有个长效的保障机制，值得思考。

本文没有就周洋写周洋，而是逆向对比，纵深拓展，从同类运动员的境况悬殊差异与人间冷暖中，找出了共性与规律性的东西，更有深度与温度。

□深山里没那么多浪漫与闲情

女子被村民救命后嫁给他，隐居深山 18 年，这样的新闻总是让人看着温暖。四川省巴中市通江县城往北 80 公里的米仓山南麓，18 年前，中专毕业的景祥俊在一个叫泥地坪的林场工作，一次巡山时被毒蜂所蜇，附近一村民背着她找到诊所相救，从此结下姻缘。（8 月 5 日《法制晚报》）

18 年风霜雨雪，林花谢了春红，小女子不离不弃，一起相携相伴，这样的新闻总是媒体追逐的对象。近年来，诸如“‘80 后’富豪夫妻隐居深山”“百万富豪隐居深山养鸡放羊”“男子隐居终南山，弃百万元年薪”之类，时常跃入眼帘。与雾霾、有毒食品、喧嚣相对应，山里的洁净纯粹成了令人心向往之的世外桃源。“世界那么大，我想去看看”，很多人无法说走就走，便在别人的隐居里寻找自己的寄托。

但深山里并没有那么多的浪漫与闲情。“饭做好，去叫妈妈，妈妈已经死了……”同样是在四川，凉山四年级彝族女孩木苦依五木的作文《泪》在网上传播后，被网友称为是“世界上最悲伤的小学作文”。在课堂习作《泪》中，木苦依伍木描述了父母双亡的悲伤过往。有人质疑这篇作文是枪手代笔。我倒觉得，《泪》是谁催出来的并不重要，因为木苦依五木的母亲在 2013 年去世，她从此成为孤儿，只得与爷爷奶奶以及两个弟弟相依为命，稍年长的哥哥与姐姐则在外打工。这个基本事实是存在的。政府对每个孩子每月发放 678 元救助金，“他们缺乏的是关爱而不是金钱”。

这篇作文的本意是希冀呼唤来自外界的关心，我想，这并没有错。隐居生活能吸引眼球，这样的艰苦为何就不能去引人关注？也是在前不久，一个被拐女成为最美女教师的旧事引发各方口水，揭出的同样是这样的事实：在深山，还有着令人忧心的贫困与落后。郜艳敏接受采访，不过是希望外界能关心当地的教育事业。她作为一名教师，此心此情我们完全可以理解，她却不幸将自身置于风口浪尖。她成了揭丑的人，被指影响了当地形象，她不得不俯身求饶，希望媒体还她清净。

山里的世界外人永远不懂，山里有小溪青草的意境，也有它封闭的小社会环境，有它的运行规则。所以，令人悲伤的不仅仅是木苦依五木的身世与《泪》，不仅仅是郜艳敏的命运与处境，还有造成这种困境的自然条件，以及当地相对落后的生产条件与人们的思想认识水平。即便你哀其不幸怒其不争又能怎样，因为你代替不了郜艳敏们的生活与选择，她们有她们的现实逻辑。

我自己也是山里人，从小哼着《山里的孩子心爱山》这首歌长大，母亲也是早早就贫病交加英年早逝，但小时候还没觉得有多苦，因为有着上大学的梦想。来到外面的世界后，再回去看看那山上树少石头多的地方，才知道那一粥一饭是多么的来之不易，也深知不管漂了多远多久，回村里得按村里的规矩办事，你无力去摆脱那些条条框框。

谁写出最悲伤的作文并不重要，重要的是作文道出的内容，以及《泪》背后的艰苦生态。木苦依五木是不幸的，她又是幸运的，在父母去世后及时得到政府以及社会的关爱。我国是个多山国家，在深山里，可以说，还有很多木苦依五木这样的孩子，以及郜艳敏这样负重前行的妇女，这就是隐藏在深山老林里的现实。这是隐居的鸡犬之声所不能掩盖的贫困落后，也是风花雪月所不能涂抹的艰苦奋斗，它无情地暴露出山里的困顿，这需要各方共同努力去加以改变，改变当地的经济条件，改变当地的人文风貌。

（2015 年 8 月 7 日《中国青年报》）

评后语

到山里隐居，农民、山泉、有点田，是一些都市人的梦想，也成为一种时髦与时尚。我以亲身体验告诉大家，深山里没有那么多的浪漫与闲情。道出生活的现实，是让大家少一些不切实际，多一些努力改变。只有振兴乡村，才能真正拥有理想中的田园生活与乡愁。

这种写法，也称之为“有我之境”，文中“有我”的一种评论。《南方都市报》以前也推过“在场评论”，以作者的亲身所见所历所感，来阐明观点。这种个体经历的独特性，让文章有了不同于他人的视角，也有说服力。在王家岭矿难的评论中，《中国青年报》发表李北陵所写的《王家岭的生命奇迹凭什么可以期待》。作者曾在煤矿工作过，经历过许多险情，写出来的个人体验就接地气，让人信服。

□理解先救羊再救人的生存诉求

宜昌市兴山县高桥乡牧羊女吴某，放养的 4 只羊跑到了悬崖上，为救羊，姑娘困于绝壁。民警闻讯来救，牧羊女说“先救山羊再救我”。（据“看楚天”报道）

有人觉得好笑，应该是先救人啊。民警自然是先救起牧羊女，再将山羊找回。

我觉得，女孩的诉求并不反常，完全符合她的内心愿望。一只山羊、一只母鸡，对农民来说，都是重要的资源，那分量，只有他们自己能懂。要不然，女孩也不会冒险下悬崖。当民警赶到，她与山羊都有了获救的希望，先救羊再救自己，这顺序也没多大的逻辑问题。因为羊不救起，可能还会乱跑，导致找不回来，而她是不会跑的，早晚能救上。先救羊，她安心，再救她，也只是时间先后的事。

不必嘲笑她要羊不要命的思维，这是乡村中最朴实的生存诉求，也包含着朴素的感情。一粥一饭，当思来之不易，半丝半缕，恒念物力维艰。由于经济来源有限，农民对生产生活资料，从来都很珍惜，也充满感情。小时候，我们摔了一只碗在地上，都很心疼，放的牛要是跑了，跟小孩不见了一样揪心。一只羊对牧羊女来说，跟宠物狗于城里女孩的生活一样重要。你若理解不了她要先救羊，她也理解不了你要花重金寻狗。

世上没有绝对的是非，值与不值，全看各人所需。对靠天吃饭的农民来说，缺乏多渠道多收益的保障，无论种植或养殖上的绝收，都可能心血白费，让人绝望。保护好庄稼与禽畜，就是保护好生活的希望，保护好命根子。

对愿意先救羊的牧羊女，且保持一份尊敬。当然，也希望她注意安全，保护好自己。愿她与农民朋友们五谷丰登、六畜兴旺，愿他们的生活日益富足，不再为一只羊而冒险犯难。

（2016 年 4 月 3 日《楚天都市报》）

评后语

牧羊女放养的羊跑到了悬崖上，姑娘也困于绝壁。民警闻讯来救，牧羊女说“先救山羊再救我”。这在一些网友看来是不可思议的，应该先救人才对啊。我从具体问题具体分析的角度，指出先救羊并不影响后救人，这也是穷人的经济学。有时候，物质上的短缺往往更致命，能救人于活路的，恰恰是珍贵的生存资源。这个分析源于生活现实，不是奇谈怪论，而是对基层生态的深入洞察，是有人间烟火气的观点。

□小品演员无碍校长的终极评价

贵州大学校长郑强，是个话题人物。4 年中，围绕他的新闻不断，他被网友称为“最牛愤青校长”、被评为“最受大学生喜爱的校长”。喜欢他的人认为他特立独行，勇于改革，也有人认为他哗众取宠，热衷炒作。（5 月 19 日《新京报》）

2010 年，华中科技大学校长李培根，在学生毕业典礼上的一番激情演讲，引来“根叔”的满场欢呼，他用平易与真诚，带来一缕清新气息。之后，引来其他校长效仿，试图走下云端接些地气。郑强是不是受“根叔”影响，不得而知，但他成功地与学生打成一片，却是事实。“没有架子，真实。”他在高校网上的演讲排名，能居榜首，人称“最受大学生喜爱的校长”。

他的确少了些官气，“空姐要那么漂亮干什么”，说话如此直抒胸臆；学生写的信能很快得到回复，甚至可以直接跑到校长办公室反映。有人说他就会吹牛，是个“小品演员”。他在任上，也做过改变，大一推行通识教育，不分专业；对老师实行考核，将 8 年不交水电费的餐馆给关了，砍树修路，重设大门；争取来 50 亿元资金开办新校区、新专业，让“贵州大学姓贵州”。

跟众多的个性官员一样，他强力推行自己的个人意愿与理想，引起反弹，有人说他专制，学校就差姓郑。现实中，“有个性”本身就是个耐人寻味的词，亦褒亦贬。个性，有时是一种敢于免俗的勇气与担当，有时也是一意孤行的任性。纵观过往的个性官员，有赢得普遍称赞的，如审计署原审计长李金华；也有落入法网的，如在宿迁以铁腕拆迁起家的仇和。

有人总结，官员的个性当融于制度之中，与法律规章同频共振，这样即便有锋芒，也是无害的，否则，可能适得其反。郑强的个性可以任人凭说，他的政绩，却当以时间来检验。如果确实符合教育的发展方向，现在的非议以后也会变为称赞，否则，赞颂也会倒转为骂娘。

“小品演员”无碍对一位校长的终极评价，关键是做对事，走对路，就不惧任何口舌之争。

（2016 年 5 月 20《楚天都市报》，
原题《校长的特立独行与终极评价无关》）

评后语

在官场的现实语境中，个性官员比较少见，也常伴随着争议。一个官员有个性，必然是与众不同，行事风格与施政理念，往往不按套路出牌。特立独行，或给人清新之感，或让人看不习惯。贵州大学原校长郑强，也同样显得另类，有赞有弹很正常。检验个性官员的是时间，即其施政是否有利于教育的发展，至于其言其行是否夸张，并不重要。

本文在写作上提供了一个客观理性的思维，看问题不看表面，不看一时的热闹，看最终的结果；看一个人看全面，看正反两面，不看片面与片段。这也是一分为二的辩证法，马克思哲学的基本原理之一。

□不必赋予傅园慧过多的符号意义

奥运会上，我国游泳选手傅园慧一语惊人，“我已用尽了洪荒之力，没有保留”，配以憨态可掬的表情，一扫运动员的谦虚谨慎或冷静严峻之风，其清新气息，引来众多观众竞折腰。媒体也纷纷对此评论，褒奖有加，认为傅园慧让人看到了体育精神的本义，让奥运竞技场变得轻松愉悦；也表现了中国人的强大，不再把金牌看得那么沉甸甸，无论胜负，可以谈笑间，任花开花落。

这些话有一定的道理，但又不尽然。个人以为，不必赋予傅园慧过多的符号意义，人家就一性情姑娘，天生爱笑，乐观自信，豁达开朗。硬将外界的思想嫁接到她身上，添加那么多的积极元素，实是另一种拔高，这跟赋予金牌承载民族自尊自强的含义没多大区别，对傅园慧是一种精神绑架，也是对她的简单快乐进行画蛇添足式的处理。

媒体人惯于找一个寄托自己理想的承载体，以主题先行的方式，将简单的事情复杂化，或将复杂的事情简单化。傅园慧给了这样的一个机会或图腾符号，即以此淡化竞技体育的功利性与残酷性，淡化金牌所附着的国家荣誉与民族尊严的沉重感。这样的诉求需要表达的出口与例子印证。傅园慧的嬉笑自若，正好可以来用借景抒怀，于是，一些媒体“望人生义”，上纲上线，对傅园慧的赞扬，已超出了个体本身所具有的范畴。诸如“傅园慧让中国体育多了与世界文明接轨的亲和”“傅园慧是中国奥运历史上的大功臣”之类，坦率地说，有些言过其实，又是在将某个人某件事进行标志化的提炼，进行标签化与符号化的处理，跟过去典型人物的宣传没什么两样。这种神化与高大，只怕当事人本身也不会同意，受宠若惊，承受不起啊！

傅园慧就是傅园慧，她代表不了什么，代表不了奥运的轻松快乐，代表不了金牌无用的娱乐，代表不了中国去金牌化的新时代，也代表不了当今中国与世界的接轨。奥运会有了傅园慧，并不会改变什么，该争的金牌大家还是会争，该哭的时候有人还是会哭，并不会因为有了傅园慧，一切就从此不同。

世界是丰富多彩的，傅园慧展现了运动员应有的个性，或是年轻一代运动员的风采，这是可喜的，令人欣慰，但这也只是傅园慧的个性。每个运动员，或都有自己的个性，欢迎他们的本我展现，即便那些失金痛哭的，也是一种个性，并无不妥。想哭就哭，想笑就笑，都是真我的风采，并不一定就代表金牌的沉重或是无形，或是折射了什么含义。不必对此大做文章，借某个场景浇自己块垒。

动辄将某个个体符号化、标签化，是一种病。既然要告别金牌的符号化，让金牌不再背上为国争光的沉重，那么，也别把傅园慧符号化，看成是可以淡看金牌的划时代标志。这都是想多了的表现。

就让傅园慧做自己好了，让她快乐着她的快乐，简单着她的简单，让我们一起从她的简单中感受单纯的快乐，别搞那么多的意义，把小姑娘给逗沉重了。

（2016年8月10日红网）

评后语

傅园慧的热烈直接，被人符号化，认为是新一代运动员的代表，引来舆论的纷纷叫好。我以为，这只是她个人的个性使然，生活中到处都有这种“大嘴巴”的人，心直口快，并不能代表某个群体。事实上，傅园慧也就火过那一阵，说明我的观点经受了时间验证。不是每个个体都能代表一个群体，泛化的标签，也是一种病态思维。

我这样写“傅园慧现象”，既看到了问题的实质，又批评了那种动不动将个人观点强加到他人身上的不良习惯。不起哄，不跟风，才是理性思维。这篇文章，与我前面的那篇《别以个体遭遇涂抹群体悲情》的思路是一样的，反映了本人一贯的就事论事，不搞上纲上线来哗众取宠。

□骗子为什么要向撒贝宁认错

这几天，有关央视主持人撒贝宁智斗骗子的消息，在网络上被津津乐道。起因是《今日说法》官博曝光了一份撒贝宁遭遇电信诈骗的电话录音，学法律出身的撒贝宁不忘给骗子普法，骗子败下阵去。

这还没完，后来，骗子可能得知撒贝宁的真实身份，又换了部手机，给撒贝宁打电话认错，并承认刚才那是电信诈骗。这就比较罕见了，通常，骗子是比较嚣张的，就跟他一开始对撒贝宁口出狂言的那样：管你什么《今日说法》，我要让你到监狱里学法。骗子的态度前倨后恭，来了个大转弯，不在于撒贝宁的法律知识教育了他，而是担心撒贝宁的媒体人身份可能会将他曝光，让他东窗事发。所以，他换个电话认错，以息事宁人。

媒体也披露过，央视前著名主持人网购被骗 10 万元，警方立即启动应急拦阻措施，但只截下 1 万元，其余 9 万元已被转走。正当主持人郁闷之际，9 万元却被汇入账户了。显然，骗子发现事情败露，慑于压力，主动退款了。

让骗子害怕的不是撒贝宁，也不是某个名人，而是由此可能带来的破案后果。骗子下手时，不会考虑到对方是谁，只看有没有钱，能不能骗来钱。阻止骗子下手的唯一办法，就是让他有“手莫伸，伸手必被捉”的恐惧与敬畏。不管电话那头是撒贝宁还是普通百姓，都让他深深地感到，惹不起！只有这样，才能最大限度减少电信诈骗案的发生。

这当然有赖于各方对电信诈骗的围追堵截与打击，对那些窃取出售个人信息的、不遵守手机实名制的、为电信诈骗提供方便的，这个链条各个环节上的作恶者，须重拳出击，精准打击。

不久前，山东、广东等地连续发生3起学生遭电信网络诈骗案件，导致受害人猝死或自杀。目前，3起案件全部告破，28名犯罪嫌疑人落网。

这个结果令人欣慰，天网恢恢，疏而不漏，电信诈骗也是无可遁形的。希望这3起案件起到里程碑的意义，在高压之下，让作恶者心生畏惧，知难而退，从此还社会一方安宁。

（2016年9月12日红网）

评后语

撒贝宁智斗骗子，大家以为是他懂法的缘故，这其实只看到问题的表面。让骗子心存畏惧的，是可能会遭受打击的后果，他怕的是撒贝宁特殊身份所附着的能量。我们要做的，不仅是让骗子怕撒贝宁，而是怕每一个普通人，这样才会社会安宁。顺着这个角度去剖析问题，则将一则名人新闻，写出了深厚的社会意义。

□河水重新能喝树立治污榜样

2016年5月，浙江丽水市经济技术开发区管委会主任丁绍雄公开表态，如果龙石溪消除不了劣五类，将趴下去喝水！当年12月29日，丁绍雄再次来到龙石溪，捧起溪水往嘴里喝了！（1月3日《法制晚报》）

溪水河水能喝，本来是不需要什么豪言壮语的，我从小就是走到哪，手捧哪里的溪水喝个饱。一些地方只因污染严重，又缺乏治理，才造成“河水能喝”成了一个梦。龙石溪也是如此，水质长期处于劣五类状态，真是愧对“丽水”二字。丁绍雄发誓水能喝，说明他心中是有底的，明白症结所在，有办法解决。从2016年7月开始，龙石溪沿线100米范围内的73家企业纷纷整改，“绝不让一滴污水流入龙石溪”，终于还来一溪清水。

敢表态让水能喝的官员，当然是有担当的好干部。2013年，多地被曝河流污染严重，温州、深圳、东莞等地网友纷纷悬赏环保局局长下河游泳，但都没有见到行动，这说明水是污的，心是虚的。龙石溪的水能喝了，这给其他地方树立了一个榜样，只要真抓实干，哪有不能治理的污染?

正如丁绍雄所言，他觉得能治好水，一是有这个决心，二是发现造成污染的真正原因在什么地方。就是将排污口堵住，没有别的诀窍。

想到当下一些地方的雾霾治理，面对环保部门贴的封条，有的企业居然能撕下封条继续生产。许多地方花重金治污，却收效不大，原因就是边治理边污染，又哪能好得起来？无论治水污染还是治空气污染，都需要立下军令状动真格，确保限期整改到位。唯其如此，治污才不会沦为空话。

（2017 年 1 月 4 日《楚天都市报》）

评后语

经常有官员下河游泳，以示河水的清洁，但官员将河水喝了下去，这底气更足了。由此可见，治污的口号是能兑现的，关键在于决心与行动。这的确是一个好的示范与榜样。放大这个案例，对生态文明的建设是一个积极的呼应与推动。

□深夜致歉暴露城市用水软肋

石家庄市供水公司26日深夜发出道歉信，就该市连续几天用水紧张甚至停水，表示负有不可推卸的责任。(7月27日新华社)

7月20日，石家庄市供水水源地受山洪影响，大量泥沙涌入，供水受到严重影响。

供水公司认为此事教训深刻，对相关情况预估不足，处置不力。同时公布了几条补救措施，协调自备井水源，加快南水北调水厂建设。坦率地说，这是远水解不了近渴。

石家庄这次的供水窘境，是多数城市都存在的用水软肋，即供水的水源地单一，容易被动。数据显示，全国城镇河道型水源地占近50%，水库型、地下水水源各占24%。来自地表的水源易受外界干扰，一旦发生污染事故，即难以承受。据统计，我国水污染事故每年都以千起计算，除了松花江苯污染事件，见诸媒体的还有不少：2011年，20吨苯酚泄漏并随雨水流入新安江，造成杭州等城市断水；同年7月的山洪暴发，致电解锰矿渣进入涪江，约50万居民饮用水受到影响……

每一起水污染事故带来的就是城市供水手忙脚乱，居民疯狂到超市抢水。2011年，中央一号文件曾明确提出，“实行最严格的水资源管理制度”。但长期以来，各地水源地频频让位于经济发展，水源储备和应急供水设备储备不足，大多等到无法取水时，才会考虑寻求新的水源地。

避免这样的困境，就是要搞好城市的备用水源地建设，不能把鸡蛋放到一个篮子里。有备无患，才能确保在突发性污染、输水设施故障、特殊干旱年份等情况下，城市有水可用。要不然，发生事故再来临渴掘井，显然来不及。供水公司再怎么道歉也没用，也变不出水来。

（2016 年 7 月 28 日《楚天都市报》）

评后语

石家庄市供水水源地受山洪影响，该市连续几天用水紧张甚至停水，供水公司认为是情况预估不足，处置不力所致。其实，这是城市供水的通病，即水源地单一且脆弱，一旦受到突发性的污染因素影响，就会无能为力。

我从石家庄市的供水困局，提出了一个城市供水的共性问题，只有搞好备用水源建设才能化解此类风险。这样写稿，立意就更有现实性，也让石家庄的事，变得跟每一个读者都息息相关，有了阅读的兴趣。

□书店回暖只因阅读从未远离

去年以来，实体书店悄然回暖，新开书店增多，销售额也在增加，连“书店杀手”电商亚马孙、当当都忍不住涉足实体书店。(1 月 10 日腾讯网)

2015 年，仅在上海就有半层、西西弗、犀牛等近 10 家书店面世，当当网则宣布未来 3 年将在全国开出近千家实体书店，且与网上同价。都以为在互联网的紧逼下，实体书店将无翻身之日，谁知十年河东、十年河西。

这其实并不奇怪，从钟摆效应来说，事物发展总有从低到高又从高到低地循环往复，实体书店在电商的 10 多年冲击之下，早已跌到谷底，如今触底反弹是必然的规律。一个旧事物经重新洗牌后，再发牌则是一个新的开始。这些新开的书店就不再只是个书架子，而是吸纳了时尚的消费元素，以复合经营为多，卖书卖画卖服装，喝茶喝咖啡悉听尊便，新书店重在营造互动休闲的环境，寓看书购书于乐于玩。

焕然一新的书店结伴归来，只因阅读从未曾远离。2014 年，我国共出版图书 40 多万种，总印数 80 多亿册，报纸总印数 400 多亿份，期刊 30 多亿册。这些书报，因线上销售近半，所以被消化于无形，而不觉得火爆。

其实，任何线上的活动也都是在线下完成的。虽然电商的蓬勃发展，使不断增长的消费需求，从传统的商场门店，转到电商的手中来完成。但这只是物流的渠道变了，需求与实物的本身都没有减少。书店回暖，就是一部分书报从电商又重回传统的渠道来兜兜转转，左手换右手，再次换手。

变迁虽然奇妙，但万变不离其宗，因为人是需要感情寄托的，文化产业满足的正是人类永恒的感情需求，传统阅读人文情怀不会消退。一部热播的《芈月传》，带动的图书出版物就有70多种，互联网时代的一呼百应，对传统行业，正是好风凭借力的良机。

书店回暖，也是线上线下融合的必然。互联网时代，我们仍需要在书报亭里看到智慧，需要在地铁里拿着报纸沉思。书店回暖，我们的阅读热情也趁势涨起来吧！

（2016年1月12日《楚天都市报》）

评后语

书店回暖并非只是阅读又有了起色，其实是阅读从未远离，以前从线下转到线上，如今线下又有了回头率。文中以数据表明，国人一直是爱阅读的，这也是给阅读打气，透过表象看到问题的实质，给人以希望。

□有尊严的基层自有青春闪光

中国平煤神马集团六矿有一个 12 人大学生采煤班组，操作着全国第一套国产自动化综采设备，取得了全国同类条件矿井工效第一的成绩，并始终保持着安全生产事故为零的纪录。(5 月 1 日《中国青年报》)

这则新闻，打破了传统矿工肩挑背扛的劳苦印象。12 名大学生都是自愿投身矿井，不是找不到工作，吸引他们的也不是每月六七千元的工资，还有知识价值的体现。他们从事的仍是白领工作，操作自动化设备，综采工作面实现了无人跟机作业，井下安全性也大大增强。

这正是耐人寻味的地方，科技能带来安全，安全又能带来科技人才。反之，没有科技就没有安全，也就留不住人才。早在 2005 年，时任国家安监总局局长的李毅中就呼吁："煤矿若再招不到大学生，将面临灭顶之灾。"因为煤炭安全生产问题归根结底是科学技术问题，而当时的情况是，我国近 40 个大中型煤炭企业中，具有大学学历的工程技术人员不足 2000 人；国有煤矿大专以上的技术人员，仅占职工总数的 3% 左右，而在发达国家，这个数字在 60% 以上。

专业技术人才匮乏是造成煤矿事故多发的一个重要原因。可以设想，如果神马集团有再先进的设备，却没有相应的待遇保障以及职业上升通道的支持，也很难吸引人才。湖南师范大学的一群学生曾走访了湖南 30 多处煤矿，调查发现，煤矿企业内部收入两极分化严重，私有煤矿老板年收入都是几十万、上百万元，而一个承担生命风险的煤矿工人的月收入，大多在1000～2000元之间。这种相对被剥夺感影响矿工积极性，也不利于煤矿的安全稳定。

煤矿安全生产问题突出，亟待科技投入，众多的煤矿为了眼前利益又只顾剥夺，不愿在安全上多花钱。这种矛盾在各行业都存在：一方面是企业抱怨招工难，基层需要人才；另一方面，大量的“知识青年”又漂在各大城市，找不到工作。这固然有大学生就业观念的问题，也与基层一线不能提供体面的岗位有关。人往高处走是一种趋利避害的本能。近年来，有关大学生回炉读技校，硕士当城管之类的新闻屡见不鲜，大学生村官、选调生、公务员考试受热捧，千条万条，归根到底就是一条，哪里有保障，哪里就有前途，哪里就是安身立命之处。

大学生做矿工也是如此。神马六矿12人采煤班组并非孤例，铜川矿务局从2007年以来就每年成批地招聘大学生，养老保险、工伤保险、医疗保险、住房公积金和企业年金待遇样样不少。如果说农村、厂矿等广大基层是一个社会的金字塔塔底的话，这个塔底越夯实塔顶才越稳定。而栽下梧桐树方有金凤凰，有尊严的基层自有青春在闪光，有尊严的塔底，才能形成吸引人才的洼地效应。这尊严可从12人大学生采煤班组那里得到答案——合理的收入，相对安全舒适的工作环境以及其他可预期的增值服务，都是吸引人才的关键。

（2012年5月3日《中国青年报》）

评后语

一些基层招不到人才，无非是工作条件艰苦，而待遇又跟不上，解决的方法就是让付出与收获相匹配。大学生采煤班组的成功运作，提供了一个正面示范。这说明基层并不等于就是艰苦无保障，只要用心去办，没有解决不了的问题。以此角度，文章提供了一个思路与方向，也是以点见面的思维拓展，从某个地方的成功，可以看到更多地方的美好明天。